D1724100

Schwejks Böhmisches Kochbuch

Michael Korth / Eva Lechner

Schwejks
Böhmisches Kochbuch

Eichborn.

Die Rezepte sind im allgemeinen für 4 Personen berechnet.
Grundsätzlich kann auch Vollkornmehl verwendet werden
(die Menge muß jedoch um ca. ⅕ reduziert werden).

Abkürzungen:
TL   = Teelöffel
EL   = Eßlöffel
min = Minuten

Die Deutsche Bibliothek – CIP-Einheitsaufnahme

Schweijks Böhmisches Kochbuch : Mit 150 erprobten Rezepten
von Eva Lechner / Michael Korth. – Frankfurt am Main : Eichborn, 2001
ISBN 3-8218-3728-4

© Eichborn AG, Frankfurt am Main, Mai 2001.
Druck und Bindung: Fuldaer Verlagsagentur
ISBN 3-8218-3728-4
Verlagsverzeichnis schickt gern:
Eichborn Verlag, Kaiserstraße 66, 60329 Frankfurt am Main
www.eichborn.de

Inhalt

Die böhmische Küche

Warum beim Begriff »Böhmische Küche« besonders Deutschen die Augen leuchten, konnte ich nie ergründen. Doch auch in mir steigt ein wohligwarmes Gefühl im Magen auf, wenn ich an ein altböhmisches Menü in Prag denke, das ich mehrere Male in einem Restaurant gleich neben dem Hotel Europa am Wenzelsplatz genoß. Wirklich genoß.

Die formvollendeten schwarzbefrackten Kellner, das stilvolle Interieur, das goldene Pilsener, die funkelnden Kristallgläser mit feurigem Rotwein aus irgendwelchen böhmischen Dörfern, die großartigen Vorspeisen, das Hauptgericht eines Kochkünstlers, die leckeren Nachspeisen von der Hand einer Backfee. Es war, als hätte sich der Uhrzeiger zurückgedreht und uns für eine Nacht in die gute alte Zeit der k.u.k. Monarchie zurückversetzt.

Dann, als es fast unmöglich war, sich vor Wonne noch zu rühren, erlöste uns von der wohligen Ermüdung der legendäre Zwetschgenbrand aus Vizovice: Jelineks Sliwowitz. Nach der Zigarre kam diskret die Rechnung. Und wieder strahlte unser Gesicht vor Fett und Freude: So lecker und reichhaltig das Essen, so mager war die Rechnung. Prag, dir klingt mein Lied ...

Wenn die Sonne hinterm Hradschin untergeht,
Wenn der Golem in den Gassen aufersteht,
Kafkas Geist als Fledermaus durchs Fenster schwirrt,
Wallenstein als Werwolf durch die U-Bahn irrt,
Jan Hus von seinem Sockel steigt,
Wenn Dvořák einen Tango geigt,
Die halbe Stadt im Bier ertrinkt,
der Sliwowitz zum Himmel stinkt,
Dann sagt der Prager: »Nimm' es hin,
In Prag ist alles halb so schlimm.«
Nach jeder Nacht beginnt ein neuer Tag,
nach jedem Winter wird es Frühling in Prag.

Wenn die Moldau neue Lieder singt,
Frische Farben in die Blumen bringt,
Auf der Karlsbrücke verliebte Paare stehn,
Den Brückenheiligen den Kopf verdrehn,
Die Leichtigkeit liegt in der Luft,
Kaffee, Tabak und Blütenduft.
Dann gibt's für jeden was zu schaun,
Ob alte Kirchen, junge Fraun,
Der Süden zeigt nun, was er hat,
erobert sich die Goldne Stadt.
Nach jeder Nacht beginnt ein neuer Tag,
Nach jedem Winter wird es Frühling in Prag.

(Peter Blaikner und Michael Korth,
aus dem Musical *Schwejk it easy*)

Das war in den goldenen Jahren gleich nach der Wende, nach dem zweiten Prager Frühling 1990. Ich kam fast jedes Jahr wieder. Das Prachtmenü behielt gleichbleibend seine Qualität, die Ober waren charmant wie immer, nur von Jahr zu Jahr ein paar Zentimeter dicker. Die Stadt wimmelt nach wie vor von Schwejks, bierbäuchigen und hungerkünstlerischen, lustigen und melancholischen. Der Golem spukt nachts wie eh und je durch die Gassen, und die ganze großartige Vergangenheit ist genauso lebendig wie bei meinem ersten Besuch. Nur die Preise sind nicht mehr von altböhmischer Schlichtheit, sondern von magenzusammenziehender Brutalität, daß das Portemonnaie vor Geldschmerz wimmert.

Um trotzdem nicht auf altböhmische Gaumenfreuden verzichten zu müssen, haben wir dieses Kochbuch zusammengestellt und genußvoll erprobt. Damit kann jeder, ob arm, ob reich, ob in Buxtehude oder Klagenfurt, böhmische Delikatessen genießen, ohne nach Prag fahren zu müssen.

Ach ja, warum die böhmische Küche so gut ist, hätte ich fast vergessen. Es gibt dafür viele gelehrte Mutmaßungen, aber letztlich nur eine wahre Erklärung: Die Böhmen essen einfach gern. Bei ihnen gehören Humor und gutes Essen zusammen »wie Knödel und Bier«.

Ein preußischer Forschungsreisender auf der Suche nach kulinarischen Genüssen brachte es im 19. Jahrhundert auf den Punkt: »Die physische Leere des Magens wird hier vollkommen und sehr angenehm ausgefüllt, namentlich in der Kategorie der Mehlspeisen, worin es die Logik der böhmischen Köchinnen wirklich weit gebracht hat und es allen philosophischen Kochkünstlern zuvorthut. Es sind nicht die gekünstelten, zusammengesetzten, übermäßig verzuckerten Schaugerichte der französischen Küche, sondern solide Ware, und nicht weniger wohlschmeckend. Diese Dampfnudeln, die Milchrahm- und Apfelstrudel, die Nockerl und Schmankerl, und wie sie alle heißen mögen – sie dringen wie im Triumphzuge in die leeren Räume ein. Schon ihr Name klingt weich und locker, daß man alles Philosophieren darüber vergißt.«

Damit ist wohl alles gesagt. Jetzt, liebe Freunde, heißt es Abschied nehmen von der grauen Theorie. Bringt den Herd zum Glühen, bindet die Schürze um, schiebt zur Einstimmung die herzerfrischende »Rosamunde« in den CD-Player, trinkt ein Stamperl Becherovka und folgt der kulinarischen Duftspur der Köchinnen und Köche des gesegneten Böhmens, deren Geheimnisse sich auf den folgenden Seiten enthüllen.

Wir wünschen Ihnen viel Spaß beim Kochen und noch mehr beim Essen. Und verbannen Sie frischen Mutes die Waage aus ihrem Badezimmer. Denn was bedeuten schon ein paar Zentimeter mehr gegen den Genuß. Und vergessen Sie nicht, was Frau Dienstbier, die Wirtin vom »Kelch«, zu Schwejk sagte: »Laßt dicke Männer um mich sein, die im Sommer Schatten spenden und im Winter wärmen.«

Kalte Vorspeisen, Suppen und Einlagen

Eiaufstrich

Zutaten:

150 g Butter

80 g Quark

1 EL Mayonnaise

4 Eier, hartgekocht, gehackt

1 Messerspitze Senf

ca. 3 Prisen Salz

1 Prise schwarzer Pfeffer

1 EL Schnittlauch, fein geschnitten

Zubereitungszeit:

- ohne Eierkochen 10 min

Zubereitung:

- Butter, Quark und Mayonnaise schaumig rühren
- Eier, Senf, Salz, Pfeffer einrühren
- mit Kräutersalz abschmecken
- mit Schnittlauch bestreuen

Rauchfleischaufstrich

Zubereitungszeit:

- 15 min

Zubereitung:

- Quark, saure Sahne, Salz und Pfeffer cremig rühren
- Zwiebeln und Knoblauch einrühren
- Rauchfleisch und Petersilie untermischen

Zutaten:

250 g Quark

⅛ l saure Sahne

2 Prisen Salz

1 Prise Pfeffer

1 EL Zwiebeln, fein gehackt

1 Zehe Knoblauch, zerdrückt

120 g Rauchfleisch, sehr fein geschnitten

1 TL Petersilie, feingehackt

Grammelaufstrich

Zutaten:

250 g Grammeln

2 hartgekochte Eier

40 g Essiggurken,
sehr fein gehackt

3 Knoblauchzehen,
zerdrückt

60 g Zwiebeln,
fein gehackt

1 EL Senf

ca. 1 TL Salz

2 Prisen schwarzer Pfeffer

2 EL Schnittlauch

Zubereitungszeit:

- ca. 20 min

Zubereitung:

- Grammeln und Eier fein faschieren
- in einer Schüssel mit Essiggurken, Knoblauch, Zwiebeln, Senf, Salz, Pfeffer gut verrühren
- Schnittlauch untermischen und damit bestreut servieren

Tip:

- Dieser Aufstrich schmeckt besonders gut zu Schwarzbrot!

Champignonaufstrich

Zutaten:

20 g Butter

200 g Champignons, geputzt, gewaschen, fein geschnitten

70 g Zwiebeln, fein gehackt

3 EL klare Suppe

50 g Butter

1 EL Petersilie, fein gehackt

2 hartgekochte Eier

200 g Quark

1 TL Mayonnaise

1 TL Senf

1 TL Kräutersalz

1 Prise Pfeffer

1 TL Petersilie, feingehackt

Zubereitungszeit:

- ca. 30 min

Zubereitung:

- in einer Pfanne Butter erhitzen, Zwiebeln und Champignons anschwitzen
- mit Suppe ablöschen und solange dünsten, bis sämtliche Flüssigkeit verdampft ist
- danach auskühlen lassen
- Butter und Eidotter in einer Rührschüssel cremig rühren
- Eiklar hacken und ebenso wie Petersilie, Quark, Mayonnaise, Senf, Kräutersalz und Pfeffer dazumischen und gut durchrühren
- nun die Champignonmasse unterheben
- mit Petersilie bestreut servieren

Vor Jahren hat in Zliw bei Hluboká ein Jäger gelebt mit dem häßlichen Namen Pinscher. Die Wilddiebe haben ihn erschossen, und er hat eine Witwe mit zwei Kindern hinterlassen. Da hat sie sich wieder einen Jäger genommen, den Pepi Schawlovic aus Mydlowar. Und den haben sie ihr auch erschossen. Aber statt zum dritten Mal zu heiraten, hat sie sich einen Hund genommen. Den hat sie heute noch.

Gefüllte Eier

Zutaten:

4 Eier, hartgekocht

100 g Quark

ca. ½ TL Kräutersalz

1 Prise Pfeffer

1 TL Senf

50 g Schinken,
sehr fein geschnitten

1 EL Schnittlauch

Zubereitungszeit:

- ca. 30 min

Zubereitung:

- die gekochten Eier halbieren, die Dotter herausnehmen und in eine Schüssel geben, Eiklarhälften zur Seite stellen
- Quark, Kräutersalz, Pfeffer, Senf beifügen und cremig rühren
- Schinken und Schnittlauch untermischen und die Masse mit einem Dressiersack in die Eiklarhälften dressieren
- mit Blattsalaten und Tomatenscheiben garniert servieren

Pikanter Aufstrich

Zubereitungszeit:

- 10 min

Zubereitung:

- Butter schaumig rühren und mit dem passierten Quark und der Crème fraîche vermischen
- Sardellenpaste, Kapern, Essiggurken, Senf, Paprika, Kümmel und Salz dazugeben, gut verrühren und nochmals abschmecken

Zutaten:

80 g Butter

250 g Quark

125 g Crème fraîche

1 EL Zwiebeln, gehackt

1 TL Sardellenpaste

15 Stück Kapern

40 g Essiggurken, gehackt

1 EL Senf

2 TL edelsüßes Paprikapulver

1 TL Kümmel, gemahlen

ca. 3 Prisen Salz

Schinken-Krenaufstrich

Zutaten:

250 g Quark

2 EL Butter

2 EL Mayonnaise

1 TL Senf

½ TL Kräutersalz

1 Prise schwarzer Pfeffer

1 EL Kren (Meerrettich),
feingerissen

200 g Schinken,
sehr fein geschnitten

1 EL Petersilie, feingehackt

Zubereitungszeit:

• 15 min

Zubereitung:

• Quark, Butter, Mayonnaise und Senf schaumig
rühren

• Kräutersalz, Pfeffer, Kren und Petersilie
untermischen

Kräuteraufstrich

Zubereitungszeit:

• 15 min

Zubereitung:

• Quark, Crème fraîche und Joghurt gut
verrühren

• Kräutersalz, Pfeffer, Senf, Knoblauch
untermengen

• Dille, Petersilie und Schnittlauch untermischen

Zutaten:

250 g Quark

125 g Crème fraîche

1 EL Joghurt

½ TL Kräutersalz

1 Prise schwarzer Pfeffer

1 TL Senf

1 Knoblauchzehe,
zerdrückt

1 EL Dille, feingehackt

1 EL Petersilie,
feingehackt

1 EL Schnittlauch,
fein geschnitten

Gemüsesalz selbstgemacht

Zutaten:

1000 g Salz

900 g Karotten

300 g Petersilienwurzel

400 g Sellerie

400 g Lauch

200 g Petersilie

100 g Liebstöckl

Zubereitungszeit:

- ca. 120 min

Zubereitung:

- Karotten, Petersilienwurzel, Sellerie und Lauch putzen, waschen und grob zerkleinern
- Petersilie und Liebstöckl waschen und mehrmals durchschneiden
- alles Gemüse und die Kräuter mittels Fleischwolf oder Küchenmaschine sehr fein zerkleinern und in einer Schüssel mit dem Salz vermischen
- die Masse mit einem Kochlöffel ca. 5 min durchrühren bis sich das Salz mit dem Gemüse und den Kräutern zu einer Masse verbunden hat
- diese Masse in kleine Gläser mit Schraubdeckel füllen – dabei das Salzgemüse sehr fest bis zum Rand in das Glas drücken
- dieses Salzgemüse hält sich kalt gestellt bis zu 1 Jahr, ist geschmacklich besser als Suppenwürze und kann anstelle dieser verwendet werden

Frittaten

Zutaten:

0, 3 l Milch

2 Eier

1 TL Salz

ca. 130 g glattes Mehl

1 EL Petersilie

Zubereitungszeit:

- ca. 10 min

Zubereitung:

- Milch und Eier mit einem Schneebesen durchschlagen. Salz, Mehl und Petersilie dazugeben und glattrühren
- in einer Pfanne jeweils 1 TL Öl erhitzen
- Teig dünn ganzflächig einlaufen lassen und beidseitig ca. 1 min goldgelb backen. Diesen Vorgang solange wiederholen, bis der Teig verbraucht ist
- diese Palatschinken erkalten lassen, einrollen und in dünne Streifen schneiden

Tip:

- Die Frittaten sollten erst im letzten Moment der klaren Suppe beigegeben werden, da sie stark quellen.

Grießnockerl

Zubereitung:

- Butter flaumig rühren
- Ei, Grieß, Muskatnuß, Salz zugeben und gut durchrühren. 15 min rasten lassen
- 1 ½ l klare Suppe (Gemüse- oder Rindsuppe) zum Kochen bringen
- mit 2 nassen Teelöffeln Nockerl formen, auf ein nasses Brett legen und alle gleichzeitig in die kochende Suppe einlegen
- 20 min schwach wallend kochen und danach zugedeckt 20 min ziehen lassen

Zutaten:

1 Ei

50 g Butter

100 g Grieß

1 Prise Muskatnuß

½ TL Salz

Zubereitungszeit:

- Insgesamt 60 min

Prager Schinkenpastete

Zutaten:

200 g Butter

200 g gekochter
Räucherschinken

3 Eier, hartgekocht
und passiert

100 g Zwiebeln,
fein gehackt

1 EL Petersilie,
feingehackt

3 Sardellenfilets, ca. 20 g,
fein geschnitten

10 Kapern, feingehackt

1 Prise Salz

Zubereitungszeit:

- 20 min

Zubereitung:

- in einer Schüssel Butter schaumig rühren
- Räucherschinken faschieren und mit Eiern,
  Zwiebeln, Petersilie, Sardellenfilets, Kapern
  und Salz unter die Butter rühren
- mit Kräutersalz abschmecken
- diese Masse in eine Pastetenform füllen und
  kaltstellen, am besten über Nacht

Tip:

- Die Prager Schinkenpastete schmeckt vorzüglich zu Znaimer Gewürzgurken, harten
  Eiern und Schwarzbrot.

Farferl

Zubereitung:

- in einer Tasse mit einer Gabel das Mehl
  mit dem Ei verrühren, so daß kleine
  Klümpchen entstehen
- in einer Kasserolle Butter erhitzen, die fein
  gehackte Zwiebel und die Mehlklümp-
  chen darin hell anrösten
- mit 1½ l klarer Suppe (Gemüse- oder
  Rindsuppe) aufgießen, abschmecken und
  5 min verkochen

Zutaten:

50 g Mehl

1 Ei

20 g Butter

1 kl. Zwiebel, feingehackt

Zubereitungszeit:

- 10 min

Speckknödel

Zutaten:

für 8 Knödel:

30 g Butter- oder Schweineschmalz

100 g Räucherspeck, würfelig geschnitten

50 g Zwiebeln, fein geschnitten

200 g Weißbrot, würfelig geschnitten

ca. ¼ l Milch

2 Eier,

1 TL Kräutersalz

1 Prise Pfeffer

1 EL Petersilie, feingehackt

ca. 50 g glattes Mehl

1 EL Schnittlauch, fein geschnitten

zum Kochen:

3 l Wasser

1 TL Salz

Zubereitungszeit:

- ca. 30 min

Zubereitung:

- in einer Pfanne Schmalz erhitzen, Räucherspeck und Zwiebeln ca. 2 min hell rösten und auskühlen lassen
- in einer Schüssel Milch mit Eiern gut verrühren, Weißbrotwürfel beifügen und 2 min ziehen lassen
- Räucherspeck, Zwiebeln, Kräutersalz, Pfeffer, Petersilie und etwas Mehl untermengen, bei Bedarf noch Mehl zufügen
- nochmals 10 min durchziehen lassen
- in einem Kochtopf 3 l Salzwasser zum Kochen bringen
- mit nassen Händen Knödel formen, diese dabei kräftig pressend drehen
- Knödel in das Kochwasser einlegen, aufkochen und 10 min zugedeckt ziehen lassen
- Knödel aus dem Wasser heben und in klarer Suppe, bestreut mit Schnittlauch servieren

Tip:

- Probieren Sie diese Knödel zu Gurkensalat, Krautsalat oder Sauerkraut

Österreich ist ein Balkanland, wo man zufällig deutsch spricht.

Leberknödel

Zutaten:

für 8 Knödel:

30 g Weißbrot

120 Rinds- oder
Schweinsleber

20 g Fett

1 Ei

1 EL Zwiebeln,
fein geschnitten

ca. 1 TL Salz

1 Prise Pfeffer

3 Zehen Knoblauch,
zerdrückt

1 EL Majoran

1 EL Petersilie,
feingehackt

ca. 50 g Brösel

Zubereitungszeit:

- insgesamt ca. 60 min

Zubereitung:

- Weißbrot in kaltem Wasser einweichen
  und ausdrücken
- Leber, Weißbrot und Zwiebeln faschieren
  (durch den Fleischwolf drehen)
- und in einer Schüssel mit Salz, Pfeffer,
  Knoblauch, Majoran, Petersilie gut vermengen
- Brösel nach Bedarf beigeben, sodaß eine
  geschmeidige Masse entsteht
- diese 30 min kühl rasten lassen
- mit feuchten Händen 8 Knödel formen,
  in die kochende Suppe einlegen, ca. 8 min
  leicht wallend kochen und weitere 5 min
  zugedeckt ziehen lassen
- mit Schnittlauch bestreut servieren

Tip:

- Bereiten Sie sich Leberknödel auf Vorrat
  zu, sie eignen sich ausgezeichnet zum Ein-
  frieren.

Klare Hühnersuppe selbstgemacht

Zutaten:

3 l Wasser

800 g Hühnerklein
(Flügerl, Hals, Magen, …)

200 g Möhren

150 g Sellerie

150g Petersilienwurzel

100 g Lauch

50 g Zwiebel

1 Tomate

Petersiliengrün

Liebstöckl

1 EL Salz

6 Pfefferkörner

selbstgemachtes Gemüse-
salz oder Suppenwürze

Zubereitung:

- in einen Kochtopf 3 l Wasser füllen
- Hühnerklein waschen und hineingeben
- geputzte, gewaschene Möhren, Sellerie, Petersilienwurzeln und Lauch zerkleinern, Zwiebel grob schneiden und
- Tomate, Petersiliengrün, Liebstöckl, Salz und Pfefferkörner dazugeben und ca. 90 min leicht wallend kochen
- dazwischen die Suppe mehrmals abschäumen und bei Bedarf mit Wasser aufgießen
- danach abseihen, mit selbstgemachtem Gemüsesalz oder Suppenwürze abschmecken, mit Petersilie oder Schnittlauch verfeinern und mit Einlage servieren

Tip:

- Besonders gut schmeckt Hühnersuppe mit Nudeln als Einlage. Ein Teil der Suppe kann auch eingefroren und zu einem späteren Zeitpunkt weiterverwendet werden.

Schwejk im Irrenhaus. Ärztin: »Wir werden Ihnen ein paar Fragen stellen. Wie groß ist Gott?« Schwejk: »Genau einen Meter.« Ärztin: »Wie lang ist die Zeit?« Schwejk: »So kurz, daß sie jeden Moment vergeht.« Ärztin: »Was ist der Mensch?« Schwejk: »Ein armer Hund.«

Klare Rindsuppe selbstgemacht

Zutaten:

3 l Wasser

500 g Rindfleisch
(Schulter oder Brust)

400 g Rindsknochen
(Rippe)

100 g Möhren

80 g Sellerie

50 g Petersilienwurzel

80 g Lauch

1 kleine Zwiebel mit
Schale

1 Knoblauchzehe

1 Tomate

Petersiliengrün

Liebstöckl

2 TL Salz

10 Pfefferkörner

½ TL Kümmel

1 Prise Muskatnuß

selbstgemachtes Gemüse-
salz oder Suppenwürze

2 EL Schnittlauch,
fein geschnitten

Zubereitung:

- in einen Kochtopf 3 l Wasser füllen
- Rindfleisch und Knochen waschen,
  in das kalte Wasser geben und zum Kochen
  bringen
- nach 1 Stunde Kochzeit die geputzten,
  gewaschenen und grob zerschnittenen
  Möhren, Sellerie, Petersilienwurzeln,
  Lauch und Zwiebel, die Knoblauchzehe,
  Tomate, Petersiliengrün, Liebstöckl, Salz,
  Pfefferkörner, Kümmel und Muskatnuß
  beigeben und noch ca. 1 Stunde fertig
  kochen. Wenn nötig, die Suppe mit Wasser
  aufgießen
- danach abseihen, abschmecken, mit Schnittlauch verfeinern und weiter verwenden

Tip:

- Ein Teil der Suppe kann auch eingefroren
  und zu einem späteren Zeitpunkt weiterverwendet werden.

Klare Gemüsesuppe selbstgemacht

Zutaten:

20 g Fett

300 g Möhren

150 g Sellerie

150 g Petersilienwurzel

100 g Lauch

1 kleine Zwiebel

1 Knoblauchzehe

1 Tomate

Petersiliengrün

Liebstöckl

2 TL Salz

10 Pfefferkörner

½ TL Kümmel

ca. 3 l Wasser

Gemüsesalz und Suppen-
würze zum Abschmecken

Zubereitung:

• geputzte, gewaschene Möhren, Sellerie,
Petersilienwurzeln und Lauch zerkleinern,
Zwiebel grob schneiden und alles in einem
Kochtopf in Fett rösten

• mit 3 l Wasser aufgießen, Knoblauch,
Tomate, Petersiliengrün, Liebstöckl, Salz,
Pfefferkörner und Kümmel zufügen
und 90 min leicht wallend kochen lassen

• danach abseihen, abschmecken und weiter
verwenden

Tip:

• Ein Teil der Suppe kann auch eingefroren
und zu einem späteren Zeitpunkt weiterverwendet werden.

*Stabswachtmeister Blecha: »Das ist Majestätsbeleidigung. Dafür werden
Sie erschossen, erstochen, geköpft und gehängt!«*
*Schwejk: »Darin ist Kaiser Franz Joseph ja Experte. Sein Sohn Rudolf
hat sich selber erschossen, seine Gemahlin Sissi haben sie ihm abgestochen
und seinen Bruder Maximilian in Mexiko an der Wand so lange mit
blauen Bohnen gefüttert, bis er tot war. Der andere Bruder vom Kaiser,
der Ludwig Salvator, ist wie ein Hund abgesoffen, und sein jüngster Bruder,
der Ludwig Viktor, ist so schwul, daß sogar der Teufel vor ihm den Schwanz
einzieht.«*

Böhmische Kartoffelsuppe

Zutaten:

150 g Zwiebeln,
fein gehackt

50 g Schweineschmalz
oder Öl

40 g Mehl, bindend

1 ½ l klare Rind- oder
Gemüsesuppe

30 g Sellerie, kleinwürfelig
geschnitten

30 g Petersilienwurzeln,
kleinwürfelig geschnitten

30 g Möhren, klein-
würfelig geschnitten

350 g Kartoffeln, in feine
Scheiben geschnitten

20 g getrocknete Steinpilze

½ TL Kümmel

1 Prise Salz

1 Prise Pfeffer

1 Prise Majoran

1 Knoblauchzehe, zerdrückt

⅛ l süße Sahne

ca. 1 TL Gemüsesalz

1 EL Petersilie,
feingehackt

Zubereitungszeit:

- 35 min

Zubereitung:

- in einem Kochtopf Zwiebeln in Schmalz anrösten, Mehl unterrühren, mit Suppe aufgießen und 10 min leicht wallend kochen lassen
- Sellerie, Petersilienwurzeln, Möhren, Kartoffeln und Steinpilze zur Suppe geben
- mit Kümmel, Salz, Pfeffer und Majoran würzen und ca. 20 min fertigkochen
- in die fertig gekochte Suppe den Knoblauch und die süße Sahne einrühren
- mit Gemüsesalz oder Suppenwürze abschmecken und mit Petersilie bestreut servieren

Milchsuppe

Zutaten:

½ l Wasser

1 TL Kümmel

½ l Sauermilch

½ l Buttermilch

⅛ l Wasser

2 EL glattes Mehl

ca. 2 EL Salz

1 Ei

¼ l saure Sahne

Zubereitungszeit:

- ca. 25 min

Zubereitung:

- in einem Kochtopf Wasser mit Kümmel 5 min kochen
- in einer Rührschüssel Sauer-, Buttermilch, Wasser und Mehl mit dem Schneebesen gut durchschlagen
- diese Mischung zum Kümmelwasser geben und unter ständigem Rühren leicht wallend ca. 10 min kochen
- die Suppe vom Feuer nehmen, Salz und Ei mit dem Schneebesen unterrühren
- saure Sahne untermischen

Tip:

- Zu dieser Suppe schmecken vorzüglich gekochte Kartoffeln, geröstete Kartoffeln oder Schwarzbrot!

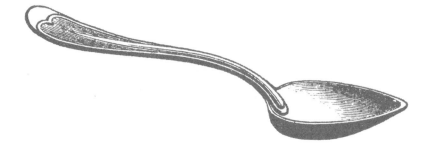

Pilsner Biersuppe

Zutaten:

1 Liter Bier

5 Gewürznelken

1 Zimtrinde

Schale ½ Zitrone

4 Eidotter

30 g Zucker

2 Semmeln/Brötchen,
würfelig geschnitten

10 g Butter

Zubereitungszeit:

- 30 min

Zubereitung:

- in einem Kochtopf Bier, Gewürznelken, Zimtrinde und Zitronenschale aufkochen, anschließend die Gewürze herausnehmen
- in einem kleinen Gefäß Eidotter mit Zucker vermischen und mit dem Schneebesen in die kochende Suppe einrühren
- die Semmelwürfel in einer Pfanne rösten und zur Suppe servieren

Lauchsuppe

Zubereitungszeit:

- ca. 30 min

Zubereitung:

- in einem Kochtopf Butterschmalz erhitzen
- Lauch, Kartoffeln und Haferflocken zugeben und unter ständigem Rühren ca. 2 min rösten
- mit klarer Suppe aufgießen und mit Pfeffer und Muskatnuß würzen. 20 min kochen lassen
- die Suppe mit einem Schneebesen kräftig durchrühren, Sahne einrühren und mit Kräuter- oder selbstgemachtem Gemüsesalz abschmecken

Zutaten:

10 g Butterschmalz

350 g Lauch, in feine Ringe geschnitten

100 g Kartoffeln, kleinwürfelig geschnitten

2 EL Haferflocken

1½ l klare Suppe

1 Prise Pfeffer

1 Prise Muskatnuß

¹⁄₁₆ l süße Sahne

ca. 1 TL Kräutersalz

Frühlingskräutersuppe

Zutaten:

1 ½ l klare Gemüsesuppe

ca. 500 g gemischte
Frühlingskräuter wie:
Brennessel, Gänseblüm-
chen, Veilchen, Schaf-
garben, Spitzwegerich,
Kerbel, Gundelrebe o. ä.,
geputzt, gewaschen, grob
geschnitten

2 Dotter

⅛ l süße Sahne

1 Prise Muskatnuß

ca. 1 TL Gemüsesalz oder
Suppenwürze

1 EL Petersilie,
feingehackt

Zubereitungszeit:

• ca. 25 min

Zubereitung:

• Klare Gemüsesuppe in einem Kochtopf
zum Kochen bringen

• die gemischten Frühlingskräuter dazugeben
und 10 min leicht wallend kochen lassen

• danach die Suppe (am besten mit einem
Mixstab) pürieren

• in einem kleinen Gefäß Eidotter mit Sahne
und Muskatnuß vermischen und in die
Suppe einrühren

• mit Gemüsesalz oder Suppenwürze
abschmecken

• vor dem Servieren die Suppe mit Petersilie
bestreuen

Tip:

• Zu dieser Suppe schmeckt vorzüglich
Vollkornbrot!

Prager Künstlersuppe

Zutaten:

3 Möhren, würfelig geschnitten

1 Petersilienwurzel, fein geschnitten

1 Stange Lauch, in Ringe geschnitten

1 Sellerieknolle, würfelig geschnitten

1 Kohlkopf, ca. 500 g, Strunk entfernen, feinnudelig schneiden

500 g Kartoffeln, in Würfel geschnitten

150 g Zwiebeln, feingehackt

1 ½ l klare Gemüse- oder Rindsuppe

1 TL Salz

½ TL Thymian

1 TL Pfefferkörner

2 Lorbeerblätter

200 g Suppennudeln, in Salzwasser gekocht

Zubereitungszeit:

- 70 min

Zubereitung:

- die geschnittenen Möhren, Petersilienwurzeln, Lauch, Sellerieknolle in einen Suppentopf füllen
- den geschnittenen Kohl und die Kartoffelwürfel dazugeben
- die gehackte Zwiebel darüber streuen
- alles mit Suppe aufgießen
- Salz, Thymian, Lorbeerblätter, Pfefferkörner beifügen und ca. 45 min leicht wallend kochen
- Suppennudeln in Salzwasser kochen und in die fertig gekochte Suppe geben

Tip:

- Bestreuen Sie die Suppe vor dem Servieren mit frischen, kleingehackten Kräutern!

Erinnerst du dich an den Telefonisten von der Titanic, der was, wie das Schiff schon gesunken is, fort herunter in die überschwemmte Küche telefoniert hat, wann schon das Mittagessen sein wird?

Prager Suppe

Zutaten:

500 g mehlige Kartoffeln,
geschält, in Scheiben
geschnitten

1 ½ l klare Gemüsesuppe

⅛ l süße Sahne (Obers)

1 TL Gemüsesalz oder
½ TL Salz

1 Msp. Pfeffer

1 Msp. Muskatnuß

zum Bestreuen:

50 g Zwiebeln,

feingehackt

100 g Räucherspeck,
kleinwürfelig geschnitten

100 g Schwarzbrot,
kleinwürfelig geschnitten

Zubereitungszeit:

- 30 min

Zubereitung:

- die in Scheiben geschnittenen Kartoffeln
  in der klaren Gemüsesuppe weichkochen
- die Suppe mit Salz, Pfeffer, Muskatnuß
  würzen und mit Obers aufgießen
- nun die Suppe mit dem Stabmixer pürieren
- Zwiebel und Räucherspeck ca. 2 min
  rösten, dann die Schwarzbrotwürfel beifügen und nochmals kurz durchschwenken
- jede Portion Suppe mit Geröstetem
  bestreuen und sofort servieren

Tip:

- Ein Teil der klaren Suppe kann durch
  Kochwasser von Räucherfleisch ersetzt
  werden. Dadurch schmeckt die Suppe noch
  deftiger.

Feldkurat Katz: »Zum Diener Gottes muß man geboren sein, denn wer nicht geboren ist, bleibt ein ewiges Nichts. Das ist so klar wie Sonne und Mond. Doch der Mond ist wichtiger als die Sonne. Der Mond scheint in der Nacht, wo man eine Beleuchtung braucht, die Sonne scheint bloß am Tag, wo es sowieso schon hell ist.«

Knoblauchsuppe mit geröstetem Brot

Zutaten:

50 g Butter

150 g Zwiebeln, feingehackt

50 g Knoblauch, geschält, mittels Knoblauchpresse zerdrückt

1 EL glattes Mehl

1 ½ l klare Suppe

⅛ l süße Sahne

2 TL selbstgemachtes Gemüsesalz oder Suppenwürze

⅛ l süße Sahne (Obers), steifgeschlagen

1 Löffel feingehackte Petersilie

2 Scheiben Schwarzbrot, würfelig geschnitten

1 Löffel Butter

2 Zehen Knoblauch, zerdrückt

Zubereitungszeit:

- 30 min

Zubereitung:

- Butter in einem Kochtopf erhitzen
- die feingehackten Zwiebeln dazugeben und anschwitzen lassen
- zerdrückten Knoblauch unterrühren
- Mehl dazugeben, alles 10 sec gut durchrühren und mit der Suppe aufgießen
- ca. 20 min leicht wallend kochen lassen
- in der Zwischenzeit das würfelig geschnittene Schwarzbrot in einer Pfanne mit Butter und Knoblauch rösten
- nach 20 min süße Sahne mit einem Schneebesen in die Suppe einrühren
- mit Kräutersalz die Suppe abschmecken
- die fertige Suppe anrichten, ein Häubchen aus steifer Sahne auf jede Portion setzen und mit Petersilie bestreuen
- um das Sahnehäubchen die gerösteten Brotwürfel streuen

Tip:

- Anstatt der gerösteten Brotwürfel kann man auch in Scheiben geschnittenes Schwarzbrot zur Suppe servieren.

Deftige Kartoffelsuppe

Zutaten:

500 g mehlige Kartoffeln, geschält, in Scheiben geschnitten

1 ½ l klare Gemüsesuppe

1 Prise Pfeffer

1 Prise Muskatnuß

1 TL selbstgemachtes Gemüsesalz oder Suppenwürze

zum Bestreuen:

50 g Zwiebeln, feingehackt

100 g Räucherspeck, kleinwürfelig geschnitten

100 g Schwarzbrot, kleinwürfelig geschnitten

1 EL Petersilie, feingehackt

Zubereitungszeit:

- 30 min

Zubereitung:

- in einem Kochtopf die klare Gemüsesuppe erhitzen, Kartoffeln beigeben und ca. 20 min weichkochen
- die Suppe mit Pfeffer und Muskatnuß würzen und mit Obers aufgießen
- nun die Suppe mit dem Stabmixer pürieren
- mit Gemüsesalz oder Suppenwürze abschmecken
- Zwiebeln und Räucherspeck ca. 2 min rösten, dann die Schwarzbrotwürfel beifügen und nochmals kurz durchschwenken
- jede Portion Suppe mit Geröstetem und Petersilie bestreuen und sofort servieren

Tip:

- Ein Teil der klaren Suppe kann durch Kochwasser von Räucherfleisch ersetzt werden. Dadurch schmeckt die Suppe noch deftiger.

Schwejk: »Melde gehorsamst, Herr Generalfeldmarschall, reinrassige Hunde sind so selten wie reinrassige Wiener. Die haben immer mehrere Väter und von jedem was geerbt. Von einem die Ohren, vom anderen den Schwanz, vom dritten die Nase.«

Einbrennsuppe

Zutaten:

50 g Butterschmalz

1 kl. Zwiebel,
fein geschnitten

1 TL Kümmel

50 g glattes Mehl

1 ½ l klare Gemüsesuppe

1 Ei

1 Prise Pfeffer

1 TL selbstgemachtes
Gemüsesalz oder Suppen-
würze

1 EL Petersilie,
feingehackt

Zubereitungszeit:

- 30 min

Zubereitung:

- in einem Kochtopf Zwiebel in Butterschmalz anlaufen lassen
- Kümmel und Mehl dazugeben und 2 min
  goldgelb anrösten
- mit der klaren Suppe aufgießen und
  ca. 20 min verkochen lassen
- das rohe Ei mit einem Schneebesen schnell
  unterrühren, nicht mehr aufkochen
- mit Pfeffer, Gemüsesalz oder Suppenwürze
  abschmecken
- die Suppe mit Petersilie bestreut servieren

Panadensuppe

Zutaten:

1 EL Butter

2 EL Zwiebeln, gehackt

2 Brötchen, vom Vortag, in Scheiben geschnitten

1 ½ l Wasser

1 TL Kräutersalz

1 Ei

ca. 1 EL Suppenwürze

Petersiliengrün

Zubereitungszeit:

- ca. 25 min

Zubereitung:

- in einem Kochtopf Butter erhitzen, Zwiebel und Semmelscheiben hinzufügen und hell rösten
- mit Wasser aufgießen, Kräutersalz hineingeben und ca. 15 min verkochen lassen
- Suppe vom Feuer nehmen und Ei mit einem Schneebesen einrühren
- mit Suppenwürze oder Gemüsesalz abschmecken
- die Suppe mit Petersilie bestreut servieren

Sauerampfersuppe

Zubereitungszeit:

- 25 min

Zubereitung:

- in einem Kochtopf Butter erhitzen und Mehl hell anrösten
- mit der Suppe aufgießen, Sauerampfer dazugeben und ca. 10 min kochen
- in die fertige Suppe Sahne einrühren, mit Kräutersalz abschmecken
- mit Schnittlauchröllchen bestreut servieren

Zutaten:

20 g glattes Mehl

30 g Butter

500 g Sauerampfer, gewaschen, Stiele entfernt und grob gehackt

1 ½ l klare Gemüsesuppe

1 Prise Kräutersalz

⅛ l süße Sahne

1 Bund Schnittlauch, fein geschnitten

Bier-Zwiebelsuppe

Zutaten:

50 g flüssige Butter

2 Löffel Kristallzucker

400 g Zwiebeln, fein geschnitten

100 g geräucherter Speck, in feine Streifen geschnitten

¼ l helles Bier

1 l Rindsuppe

½ TL Salz

1 Prise weißer Pfeffer

1 Prise Majoran

Zubereitungszeit:

• 25 min

Zubereitung:

• Butter in einem Kochtopf erhitzen, Zucker darin karamelisieren

• die Zwiebeln beigeben und unter ständigem Rühren anrösten

• den Speck beigeben und mitrösten

• das Ganze mit Bier ablöschen und mit Suppe aufgießen

• mit Salz, Pfeffer und Majoran würzen und ca. 15 min leicht wallend kochen

Tip:

• Servieren Sie dazu frisches Schwarzbrot oder geröstete Weißbrotwürfel.

Tomatensuppe

Zutaten:

1000 g frische Tomaten, in Stücke geschnitten

1/16 l Öl

3 EL glattes Mehl

3 EL Zucker

2 EL selbstgemachtes Gemüsesalz oder Suppen-würze

1 Prise Pfeffer

Saft von ½ Zitrone

1 EL Petersilie, feingehackt

ca. 1 ½ l Wasser

Zubereitungszeit:

- ca. 40 min

Zubereitung:

- in einem Kochtopf Tomaten mit 1 l Wasser ca. 20 min weichkochen und passieren
- in einem Kochtopf Öl erhitzen, Mehl unterrühren, mit den passierten Tomaten vermischen und mit einem Schneebesen gut durchschlagen
- bis zu einer Menge von ca. 1 ½ l mit Wasser aufgießen
- Zucker, Gemüsesalz und Pfeffer beigeben
- die Suppe unter ständigem Rühren ca. 3 min leicht wallend kochen lassen
- Zitronensaft unterrühren, mit Kräutersalz abschmecken
- mit Petersilie bestreut servieren

Tip:

- Werten Sie jede Portion Tomatensuppe noch mit ca. 2 EL gekochtem Reis auf!

Feine Brotsuppe

Zutaten:

1 ½ l klare Gemüsesuppe

150 g Weißbrot

200 g Schwarzbrot

½ TL Kümmel

1 Prise Muskatnuß

20 g Butter

4 EL saure Sahne

1 TL selbstgemachtes Gemüsesalz oder Suppenwürze

1 EL gehackte Petersilie oder Schnittlauch

Zubereitungszeit:

• 30 min

Zubereitung:

• in einem Topf die klare Suppe zum Kochen bringen

• Weiß- und Schwarzbrot in feine Scheiben schneiden, zur Suppe geben, mit Kümmel und Muskatnuß würzen und ca. 15 min kochen

• die Suppe mit einem Passierstab pürieren und nochmals kurz aufkochen lassen

• Butter und saure Sahne mit einem Schneebesen unterrühren

• mit Gemüsesalz oder Suppenwürze abschmecken

• vor dem Servieren mit Petersilie bestreuen

Tip:

• Man kann die Suppe aufwerten, indem man am Schluß ein Ei unterrührt. Danach darf die Suppe nicht mehr kochen.

Feldkurat Katz: »Oberst Mausz, lieg nicht rum wie ein fauler Sack Kartoffeln. Ab mit dir in die Hölle, wo Sünder wie du auf Margarine gesotten, dann von Straßenwalzen überrollt und von Dentisten mit stumpfen Instrumenten bearbeitet werden. Das Heulen wird in Grammophonen aufgefangen, und die Schallplatten werden zur Erheiterung der Heiligen ins Paradies hinaufgeschickt.«

Sauerkrautsuppe

Zutaten:

20 g Butter

50 g geräucherter, durch-
zogener Speck, würfelig
geschnitten

200 g Zwiebeln,
feingehackt

2 Knoblauchzehen,
feingehackt

2 TL edelsüßer,
gemahlener Paprika

250 g Sauerkraut

200 g Kartoffeln,
in Würfel geschnitten

ca. 1 TL Salz

1 TL Kümmel

1 ½ l klare Suppe

für die Mehlschwitze:

40 g Butter

40 g glattes Mehl

200 g saure Sahne

Zubereitungszeit:

• ca. 50 min

Zubereitung:

• in einem Kochtopf Butter erhitzen
• den Speck und die Zwiebeln beifügen und unter ständigem Rühren anrösten
• Knoblauch und Paprika dazugeben und durchrühren
• Sauerkraut, Kartoffelwürfel, Salz und Kümmel beifügen
• mit der Hälfte der Suppe auffüllen und zum Kochen bringen
• in einer Pfanne Butter zergehen lassen und Mehl hinzuschütten
• so lange rösten, bis eine hellbraune Mehl-schwitze entstanden ist
• diese mit der restlichen Suppe aufgießen und sofort mit einem Schneebesen durch-schlagen
• diese glatte Soße unter die Sauerkrautsuppe rühren
• noch ca. 15 min kochen, zwischendurch umrühren
• saure Sahne glatt rühren und in die Suppe einmischen

Tip:

• Dazu paßt Schwarzbrot.

Spargelsuppe

Zutaten:

1 ½ l Wasser

1 TL Salz

1 Prise Zucker

10 g Butter

1 Scheibe Weißbrot/
ca. 10 g

500 g Spargel, geschält
und in Stücke geschnitten

20 g Butter

25 g Mehl zum Binden

1 Prise Pfeffer

1 Prise Salz

⅛ l süße Sahne

Zubereitungszeit:

- ca. 30 min

Zubereitung:

- in einem Kochtopf Wasser, Salz, Zucker,
  Butter und Weißbrot zum Kochen
  bringen
- die Spargelstücke beigeben und ca. 15 min
  weichkochen
- die Spargelspitzen herausnehmen und
  zur Seite stellen
- anschließend die Spargelsuppe passieren
- in einem Kochtopf Butter erhitzen, Mehl
  dazugeben und hell anrösten
- mit der passierten Spargelsuppe aufgießen,
  mit einem Schneebesen gut durchmischen
  und anschließend weitere 10 min kochen
- zwischendurch öfters umrühren
- in die fertige Suppe Sahne einrühren,
  mit Salz und Pfeffer abschmecken
- vor dem Servieren die Spargelspitzen
  wieder in die Suppe geben

In Klatowy saß einmal ein Gutsbesitzer mit dem schönen Namen Leisten-tritt neben einer feinen Dame. »Es kommt alles auf die Pflege der Haut an«, sagte die Dame, »ich trage nämlich ausgesetzt wildlederne Handschuhe.« »Ist das merkwürdig«, erwiderte Leistentritt, »ich trage schon vierzig Jahre wildlederne Hosen und hab immer noch ein Gesäß wie ein Reibeisen.«

Das Geheimnis
der böhmischen Küche

Wenn man überlegt, worin eigentlich das Wesen einer National-Küche besteht, so kommt man schnell auf die Besonderheiten. Natürlich ist die Kochkunst zunächst einmal abhängig vom Klima und den Lebensmitteln, die das Land hervorbringt. Trotzdem unterscheidet sich das Essen benachbarter Nationen und sogar innerhalb eines Landes stark. Die Oberbayern lieben Leberkäse mehr als die Rheinländer, dem Hamburger schmeckt Labskaus besser als dem Dinkelsbühler usw. Trotzdem haben sich im Laufe der Kochgeschichte typische Nationalspeisen entwickelt. Bei den Süditalienern sind es die Nudeln, an die sich die Land- und Meeresfrüchte Italiens schmiegen, bei der traditionellen deutschen Küche ist die Grundlage für die meisten Speisen die Kartoffel in allen Variationen vom Kartoffelbrei über die Salz-, Brat-, Röst-, Petersilien- usw.-kartoffel bis hin zum Pickert, dem fetttriefenden lippischen Kartoffelpuffer. Bei den Chinesen und Japanern ist es der Reis, der mit rohem Fisch (Sushi) veredelt oder den Sieben Schätzen Buddhas, einer Fastenspeise, schmackhaft gemacht wird. Die Mexikaner füllen ihre Tortillas (Maisfladen) mit Bohnen oder Chili und die irischen Bauern laben sich an einem wärmenden Eintopf aus Hammelfleisch, Zwiebeln, Mohrrüben und Kartoffeln, der Irish Stew genannt wird. Die Nationalspeise der US-Amerikaner besteht nach Meinung der meisten Deutschen aus Big Mac und Coca-Cola, und in England gibt es außer dem üppigen Breakfast kaum Geniessbares, weshalb der Tourist besser gleich zum Thailänder oder zum französischen Vierhaubenkoch geht.

In Böhmen hingegen lebt es sich zweifellos wie Gott in Frankreich oder Allah in der Türkei. Nun ist es jedoch Zeit, mit der reinen Wahrheit herauszurücken:

Das Geheimnis der böhmischen Küche besteht im FETT: Jawohl, im FETT. Das in unserer schlankheitsfanatischen und gesundheitsbewußten Zeit nicht nur offen zu sagen, sondern sogar zu drucken, grenzt beinahe an Tollkühnheit, aber es ist so. Was wären böhmische Speckknödel ohne Speck, Wallensteins spezialgemästeter Lieblingskarpfen ohne Kräuterbutter-Soße oder Schwejks Leibgericht Hammelbraten in abgespeckter Vegetarier-Version? Kümmerliche Krankenkost. Ohne Fett würde die böhmische Küche auf Anhieb ihren legendären Ruf verlieren.

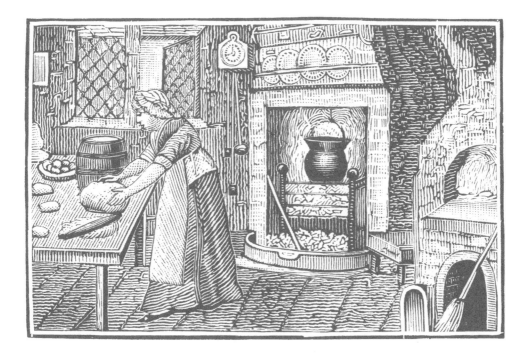

»Warum schmeckt uns fettes Essen so gut?« fragte ich meinen Dorf-Medizinmann Peter Burger, Gemeindearzt im Waldviertel und selbst kein Kostverächter (obwohl er seinen Patienten mit missionarischem Eifer rät, sich zu kasteien und aus Gesundheitsgründen auf alle Köstlichkeiten der Küche zu verzichten). Peter, der große Arzt und Forscher, sagte weise:

»Unser Körper ist auf Fett programmiert, weil unsere Vorfahren, die Steinzeitmenschen und Neandertaler, unter ständigem Fettmangel litten.« Folglich lechzen wir, ihre fernen Nachfahren, immer noch ständig nach Fett. Kaum riechen wir einen duftenden Braten, lacht uns das Herz. Leib und Seele beginnen zu schnurren, wenn wohlgeschmalzene Bissen auf einer Woge böhmischen Bieres herabflutschen.

Ist das böhmische Bier der Treibstoff der Welt und der Vater der guten Laune, so ist das Fett die Mutter der böhmischen Küche. Darum übergießt die gewissenhafte bömische Köchin die knusprige Gans mit brutzelndem Bratenfett, läßt ihre Soßen verlockend blubbern und die Buchteln im Schweineschmalz brodeln. Die böhmische Küche ist etwas für ganze Kerle und beherzte Frauen. Wer einen schwachen Magen hat, sollte sie meiden wie der Teufel den Socken des Erzbischofs. Doch wer ihr einmal verfallen ist, kommt nicht mehr davon los. Böhmisches Essen schmeckt so verteufelt göttlich gut, daß Yogis, Heilige und Kohlrabi-Apostel bereits bei der leisesten Anwehung von Bratendunst schwach werden und ihre magersüchtige Ideologie nach einem Bissen Prager Schinken in die Diäthölle der Herren Strunz und Co. zurückschicken.

Ist das FETT die Grundlage aller Leckereien, so bilden die Elemente KNÖDEL und SUPPE die Säulen, auf denen der Himmel der böhmischen Kochkunst ruht.

Dort, wo deftige Speisen beliebt sind, gehört die SUPPE zum Küchenalltag wie das Amen zur Kirche. Die Suppe ist die liebste Vorspeise der böhmischen Köchin. Das war nicht immer so. Der heilige Nepomuk mußte noch genauso darauf verzichten wie der Kaiser Karl IV., weil in Böhmen der Löffel erst im 16. Jahrhundert Einzug hielt und eine kulinarische Revolution auslöste. Bis dahin säbelte selbst der König am Schinkenknochen herum und schlürfte Haferbrei oder Bratensaft vornehm über den Tellerrand, sofern er nicht gleich wie der letzte seiner Leibeigenen zupackend in den Topf griff, sich die schwimmenden Fettbrocken herausfischte und sich mit der hohlen Hand Flüssiges herausschöpfte.

Als mit dem Löffel die Kultur über die bömische Küche hereinbrach, erwachte die Kreativität am Herdfeuer. Köchinnen und Köche überboten sich im Erfinden herrlichster Suppen. Die berühmte böhmische Frühstückssuppe mit eingebrocktem Brot kam auf und stand bald auf dem Tisch jeder Bauernfamilie und jedes betuchten Prager Bürgers. Mit etwas Warmem im Bauch wurden die Böhmen urgemütliche Leute.

Die Basis der Suppen bestand aus Milch, Bier oder Kartoffeln. Einige dieser Kreationen sind bis heute sehr beliebt wie z.B. die Milch-, Graupen-, Kartoffel-, Erbsen- oder Krautsuppen. Und als im 19. Jahrhundert junge Böhminnen als Gastarbeiterinnen nach Wien kamen, verbreiteten sie dort ihre betörenden Kochkünste, so daß sie mit ihren Schoberl-, Fritatten-, Grießnockerl- oder Leberknödelsuppen im Sturm die Herzen der Wiener eroberten und nicht nur sie selbst, sondern auch ihre Küchengeheimnisse dort seßhaft wurden. Denn die berühmte Wiener Küche ist nichts anderes als ins Österreichische übersetzte böhmische Küche.

Mit dem KNÖDEL, der zweiten Säule böhmischer Kochkunst, verhält es sich genau umgekehrt. Das Wort kommt aus dem mittelhochdeutschen »knode«. Es bedeutet kleiner Knoten. Die aus Milch, Eiern, Salz und Semmeln (deutsch: Brötchen, Rundstücke, Schribben) oder Kartoffeln geformten Köstlichkeiten in Form von Kugeln oder Würsten wurden zum Markenzeichen der böhmischen Küche schlechthin: KNEDLIKY.

Wenn Schwejk im Musical *Schwejk it easy* seine Anninka umschmeichelt:

> Wir gehören zusammen
> wie Funken und Flammen
> wie Wind und wie Welle
> wie Himmel und Hölle
> wie Schloß und Scharnier
> wie Knödel und Bier

dann zeigt das die innige Verbindung urböhmischer Lebenselemente.

Die böhmischen Knödel gibt es in mannigfaltigen Variationen: vom in flachen Scheiben geschnittenen Semmelknödel bis zum faustgroßen Rundling aus rohen und/oder gekochten Kartoffeln. Die Phantasie der böhmischen Köchin ist hier grenzenlos. Und es gibt noch eine Besonderheit: die umwerfend wohlschmecken-den süßen Knödel, die meistens aus Kartoffel- oder Hefeteig zubereitet werden. Sie sind kleiner und rund wie Mozartkugeln. Ihr süß-säuerliches Innenleben besteht aus frischen oder gekochten Früchten oder Powidl, wie Pflaumenmus bei Böhmen und Österreichern genannt wird. Diese mit Obst gefüllten Leckerbissen werden mit geriebenem festen Topfen (in Deutschland: Quark) oder auch mit gerösteten Bröseln oder Mohn bestreut und von besonders liebevollen Köchinnen mit flüs-siger Butter beträufelt serviert.

Soweit für heute, liebe Leser, denn ich muß in die Küche eilen, um den Znaimer Rostbraten zu übergießen und das Faß Budweiser für meine Freunde anzuschla-gen, die hungrig vor der Tür stehen. Sie warten zu lassen wäre eine unverzeihliche Sünde wider das Fleisch.

Hauptspeisen mit Fleisch

Böhmische Spatzen

Zutaten:

30 g Schweineschmalz

150 g Zwiebeln,
fein gehackt

400 g Schweinebauch mit
Schwarte, ohne Knochen

400 g Schweineschulter
mit Schwarte, ohne
Knochen

8 Knoblauchzehen,
zerdrückt

1 TL Salz

1 TL Kümmel

Zubereitungszeit:

* 140 min

Zubereitung:

* Schmalz in einem Bräter zerlassen
* feingehackte Zwiebeln beifügen und goldgelb anrösten
* Backrohr auf 200°C (Ober- und Unterhitze) aufheizen
* Schweinebauchstück und Schweineschulter
waschen, trockentupfen
* mit einem scharfen Messer Linien in
die Schwarten ritzen und dann das Fleisch
in 4 gleich große »Spatzen« schneiden
* die geschälten, zerdrückten Knoblauchzehen auf einem Küchenbrett mit Salz
und Kümmel vermengen und mit dieser
Gewürzmischung alle Fleischstücke rundherum einreiben
* die Fleischstücke mit der Schwarte nach
unten in den Bräter auf das Zwiebelbett
legen
* mit 1 Schöpfer heißem Wasser begießen
und den Deckel aufsetzen
* während der Bratzeit von 1 ½ Stunden das
Fleisch öfters wenden.

Tip:

* Servieren sie auf jedem Teller beide Fleisch-
sorten von den böhmischen Spatzen.
* Umkränzen sie diese mit Bratensaft und
der Zwiebel-Knoblauchmischung. Dazu
passen Kartoffelknödel und mährisches
Sauerkraut.

Majoranfleisch

Zutaten:

50 g Fett

150 g Zwiebeln, gehackt

700 g Rindfleisch
(Hinteres)

1 TL Salz

2 TL Majoran

20 g Mehl zum Binden

⅛ l saure Sahne

Zubereitungszeit:

• 80 min

Zubereitung:

• Fleisch großwürfelig schneiden

• in einer Kasserolle Fett erhitzen und Zwiebeln darin hell anrösten

• das Fleisch dazugeben und unter ständigem Rühren anbraten

• Salz und Majoran dazugeben und soviel Wasser, daß das Fleisch fast bedeckt ist

• ca. 60 min weichkochen

• in einem kleinen Gefäß Mehl mit saurer Sahne verrühren und zum Fleisch gießen

• gut verrühren und nochmals 10 min verkochen lassen

Tip:

• Servieren Sie zum Majoranfleisch Salzkartoffeln oder böhmische Knödel!

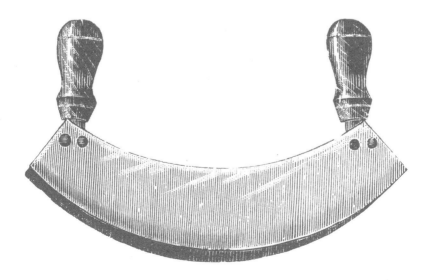

Znaimer Gulasch

Zutaten:

30 g Schweineschmalz

500 g Zwiebeln, in feine Ringe geschnitten

500 g Schweinsschulter, kleinwürfelig geschnitten

2 EL edelsüßer Paprika

ca. 1 TL Salz

½ TL Majoran

4 Zehen Knoblauch, fein zerdrückt

½ TL Kümmel

ca. ½ l Wasser

3 EL Tomatenmark

3 EL saure Sahne

1 EL glattes Mehl

5 kleine Essiggurken

Zubereitungszeit:

- ca. 60 min

Zubereitung:

- in einer Kasserolle Schweineschmalz erhitzen, Zwiebel dazugeben und goldgelb rösten
- Schweinefleisch unterrühren, 1 min mitrösten und vom Feuer nehmen
- Paprika, Salz, Majoran, Knoblauch und Kümmel beifügen, mit Wasser aufgießen und bis das Fleisch weich ist, ca. 30 min, dünsten
- zwischendurch öfters umrühren
- Tomatenmark unterrühren
- in einem kleinen Gefäß saure Sahne mit Mehl glatt rühren und in das Gulasch einrühren
- unter ständigem Rühren ca. 3 min leicht wallend kochen
- zuletzt die Essiggurken untermischen und noch 5 min durchziehen lassen

Tip:

- Servieren Sie zum Znaimer Gulasch böhmische Knödel oder Teigwaren.

Paprikaschnitzel

Zutaten:

800 g Kalbs- oder
Schweinsschnitzel

ca. 1 Teelöffel Salz

30 g glattes Mehl

50 g Fett

50 g Speck, kleinwürfelig
geschnitten

100 g Zwiebeln,
feingehackt

1 TL edelsüßer Paprika

1 EL Essig

⅛ l saure Sahne

1 EL Mehl (bindend)

1 TL Suppenwürze
oder 1 TL selbst-
gemachtes Gemüsesalz
(Rezept s. S.17)

1 Prise Pfeffer

Zubereitungszeit:

- 60 min

Zubereitung:

- Schnitzel einschneiden, klopfen, salzen
  und in Mehl wenden
- in einer Pfanne Fett erhitzen, die Schnitzel
  auf beiden Seiten braun anbraten und zur
  Seite stellen
- in einer Kasserolle Speck und Zwiebeln
  rösten
- Paprika und Essig unterrühren, die Schnitzel mit dem Bratensaft dazugeben und ca.
  30 min dünsten
- Schnitzel vorsichtig aus der Kasserolle
  heben und beiseite stellen
- in einem kleinen Gefäß saure Sahne mit
  Mehl glatt rühren
- mit einem Schneebesen in den Bratensaft
  einrühren und unter ständigem Rühren
  2 min aufkochen
- die Soße mit 1 TL Suppenwürze
  oder selbstgemachtem Gemüsesalz und
  1 Prise Pfeffer abschmecken
- die Schnitzel in die Sauce einlegen und
  10 min durchziehen lassen

Tip:

- Dazu passen hervorragend alle Arten
  von Knödeln!

Gebratene Schweinsschulter

Zutaten:

1000 g Schweinsschulter, ausgelöst, mit Schwarte

1 TL Salz

½ TL schwarzer Pfeffer, gemahlen

1 Prise Majoran

1 Prise Kümmel

5 Zehen Knoblauch

1 Zwiebel, fein gehackt

250 g Wurzelwerk, fein geschnitten

ca. ½ l klare Suppe

1 EL Butter

Zubereitungszeit:

- ca. 100 min

Zubereitung:

- Backrohr auf 200°C (Ober- und Unterhitze) vorheizen
- Schwarte des Fleisches streifenförmig einschneiden
- Fleisch mit Salz, Pfeffer, Majoran, Kümmel und Knoblauch einreiben
- in einer Bratpfanne Schmalz erhitzen und Fleisch rundum anbraten
- mit der Hälfte der Suppe aufgießen
- Zwiebeln und Wurzelwerk zugeben und das Fleisch im Rohr (mittlere Schiene, Gitterrost) ca. 90 min braten
- während des Bratens immer wieder Suppe zugießen und den Braten mit dem entstehenden Bratensaft übergießen
- Fleisch aus der Pfanne heben und warmstellen, Bratensaft durch ein Sieb gießen, aufkochen und mit Butter binden (nicht mehr aufkochen)
- Fleisch in Scheiben schneiden und mit dem Bratensaft anrichten

Tip:

- Servieren Sie zur gebratenen Schweinsschulter Krautsalat und Knödel!

Bierfleisch

Zutaten:

700 g Rindfleisch, nudelig geschnitten

150 g Schinken, nudelig geschnitten

150 g Zwiebeln, feingehackt

50 g Schweineschmalz oder Öl

2 EL glattes Mehl

½ l dunkles Bier

1 TL Salz

2 Prisen Pfeffer

1 Prise Thymian

1 Lorbeerblatt

1 EL Petersilie, feingehackt

1 Prise Zucker

1 EL Essig

Zubereitungszeit:

- ca. 50 min

Zubereitung:

- in einer Kasserolle das Fett erhitzen, Zwiebeln beigeben und anrösten
- Fleisch und Schinken dazugeben und alles gut durchrösten
- Mehl unterrühren und mit Bier aufgießen
- Salz, Pfeffer, Thymian, Lorbeerblatt und Petersilie einmengen und ca. 30 min dünsten
- zuletzt mit Zucker und Essig abschmecken

Bierbraten

Zutaten:

1000 g Schweinebraten mit Schwarte

1 TL Salz

3 Prisen Pfeffer

½ TL Edelsüßpaprika

250 g Suppengemüse, grob zerkleinert

¼ l Wasser

¼ l Malzbier

¹⁄₁₆ l süße Sahne

1 TL Mehl zum Binden

ca. 3 EL Apfelmus

Zubereitungszeit:

- 100 min

Zubereitung:

- den Schweinebraten mit Salz, Pfeffer und Paprika einreiben
- in einen Bräter mit Deckel legen
- zerkleinertes Suppengemüse dazugeben
- Wasser zugießen
- bei 175°C (Ober- und Unterhitze) 60 min braten
- nun Bier über den Braten gießen und noch ca. 30 min fertigbraten
- Fleisch vorsichtig herausheben, warmstellen
- Sahne und Mehl in einem kleinen Gefäß verrühren und den Bratenfond damit binden
- mit Apfelmus abschmecken

Tip:

- Dazu schmecken besonders gut Kohlsprossen (Rosenkohl), Kartoffel oder Knödel jeder Art!

Kalbsrahmgulasch

Zutaten:

¹⁄₁₆ l Öl

500 g Zwiebeln, in feine Ringe geschnitten

30 g edelsüßes Paprikapulver

1 TL Tomatenmark

1 l klare Suppe

1000 g Kalbsschulter, in ca. 30 g schwere Würfel geschnitten

ca. 1 TL Salz

1 Prise Pfeffer

2 Zehen Knoblauch, zerdrückt

Schale von 1 unbehandelten Zitrone

¼ l saure Sahne

2 EL Mehl zum Binden

Zubereitungszeit:

- ca. 70 min

Zubereitung:

- in einer Kasserolle Zwiebeln in Öl unter ständigem Rühren goldgelb rösten
- Hitze reduzieren, Paprikapulver und Tomatenmark einrühren
- Suppe zugießen und ca. 2 min aufkochen
- das Fleisch zugeben, mit Salz, Pfeffer, Knoblauch und Zitronenschale würzen
- gut durchrühren und ca. 45 min weich dünsten
- Fleisch mit einem Siebschöpfer aus der Sauce heben und beiseite stellen
- in einem kleinen Gefäß saure Sahne mit Mehl glatt rühren, mit einem Schneebesen in die Sauce einrühren und 4 min unter ständigem Rühren kochen
- Sauce pürieren, Fleisch wieder zugeben und ca. 5 min ziehen lassen

Tip:

- Zum Kalbsrahmgulasch harmonieren am besten als Beilage böhmische Knödel oder Teigwaren.

Prager Lendenbraten

Zutaten:

1000 g Rindslungenbraten, gut abgelegen und gespickt

½ TL Salz

1 Prise Pfeffer

1 EL Senf

3 EL Öl

150 g gemischtes Wurzelwerk, fein geschnitten

150 g Zwiebel, gehackt

ca. ¼ l Wasser

2 Lorbeerblätter

1 TL Thymian

5 Pfefferkörner

5 Pimentkörner

5 g glattes Mehl

¼ l klare Suppe

¼ l saure Sahne

ca. 1 TL Gemüsesalz

Zubereitungszeit:

- ca. 130 min

Zubereitung:

- den vorbereiteten Lungenbraten salzen, pfeffern und mit Senf einreiben
- in einer Kasserolle Öl erhitzen und den Lungenbraten rundherum anbraten
- Wurzelwerk und Zwiebel zum Fleisch in die Pfanne geben
- mit der Hälfte des Wasser aufgießen und Lorbeerblätter, Thymian, Pfefferkörner, Pimentkörner dazugeben
- die Kasserolle zudecken und den Lungenbraten im Rohr bei 200°C (Ober- und Unterhitze) ca. 60 min dünsten
- abdecken, eventuell mit etwas Wasser aufgießen und noch weitere 50 min offen fertigdünsten
- anschließend das fertige Fleisch herausnehmen, warmstellen und rasten lassen
- den Bratenrückstand mit Suppe aufgießen
- in einem kleinen Gefäß saure Sahne mit Mehl verrühren, zur Sauce geben, mit einem Schneebesen durchrühren und 2 min verkochen lassen; mit Gemüsesalz abschmecken
- das Fleisch in Scheiben schneiden und vor dem Servieren noch 10 min in der Sauce ziehen lassen

Tip:

- Zum Prager Lendenbraten schmecken sehr gut böhmische Semmelknödel!

Faschierter Braten, Hackbraten

Zutaten:

500 g Faschiertes
(Gehacktes)
(250 g Rindfleisch,
250 g Schweinefleisch)

3 altbackene Brötchen,
in Wasser eingeweicht
und passiert

30 g durchzogener Speck,
würfelig geschnitten

100 g Zwiebeln,
feingehackt

1 gr. Knoblauchzehe,
zerdrückt

1 EL Petersilie,
feingehackt

2 TL Kräutersalz

1 Prise Pfeffer

½ TL Majoran

1 Ei

ca. 2 EL Brösel

Zubereitungszeit:

• · 70 min

Zubereitung:

• den Boden einer backrohrtauglichen Kasserolle mit Deckel einfetten

• in einer Schüssel Faschiertes (Gehacktes) mit erweichten, passierten Brötchen vermischen

• in einer Pfanne Speck mit Zwiebeln anrösten und zum Faschierten (Gehackten) geben

• Knoblauch, Petersilie, Kräutersalz, Pfeffer, Majoran, Ei und Brösel hinzufügen und sehr gut vermengen

• einen Wecken formen, in die befettete Kasserolle legen und mit ⅛ l Wasser aufgießen

• den Rost mit der zugedeckten Kasserolle auf die unterste Schiene des Backrohres stellen und bei 180°C (Ober- u. Unterhitze) ca. 60 min braten

Tip:

• Zum Faschierten Braten passen besonders gut Kartoffelpüree, gestürzte Kartoffeln und Salate jeder Art.

Tante Stephanies Grießknödel

Zutaten:

60 g Butter

¼ l Milch

100 g Grieß

1 ½ Semmeln/weiße Brötchen, in Würfel geschnitten

1 TL Kräutersalz

1 Messerspitze schwarzer Pfeffer

1 kleine Zwiebel, fein geschnitten

50 g durchzogener Speck, kleingeschnitten

2 Eierklar steif schlagen

vegetarische Variante:
Beliebige frische, klein gehackte Kräuter der Masse anstatt des Speck-Zwiebelgemisches beimischen

Zubereitungszeit:

- 50 min

Zubereitung:

- Butter mit Milch, Kräutersalz und Pfeffer aufkochen
- Grieß und geschnittene Semmeln einrühren, bis sich die Masse vom Topf löst, ca. 2 min
- Speckwürfel mit gehackter Zwiebel durchrösten, mit der Grießmasse vermengen und ca. 20 min rasten lassen
- inzwischen Salzwasser zum Kochen bringen.
- nun die 2 Eidotter und den steifen Schnee vorsichtig mit der Masse vermengen
- mit nassen Händen Knödel formen und in das leicht kochende Salzwasser einlegen
- 10 min bei offenem Deckel leicht wallend kochen und 10 min bei geschlossenem Deckel nachziehen lassen

Tip:

- Diese Knödel schmecken besonders gut zu Blattsalaten oder Gurkensalat mit Sahne.

In Horni Slavkov lebte einmal ein Kurzwarenhändler, dessen Frau hatte vier Liebhaber. »Na wenn schon«, sagte der Kurzwarenhändler, »ich bin lieber mit 20 % an einer guten Sache beteiligt als mit 100 % an gar nichts.«

Gerollter Schweinebauch

Zutaten:

1000 g ausgelöstes Schwei-
nebauchfleisch, vom Flei-
scher schröpfen lassen

1 ½ TL Salz

½ TL schwarzer Pfeffer,
gemahlen

5 Zehen Knoblauch

½ TL Kümmel, ganz oder
gemahlen

½ TL Koriander,
gemahlen

Zubereitungszeit:

- ohne Vorbereitungszeit: 110 min

Zubereitung:

am Vortag vorbereiten:
- das Fleisch auf der Innenseite mit Knoblauch einreiben, salzen, pfeffern, Kümmel
  und Koriander darüberstreuen
- das Fleisch mit der Schwarte nach außen
  einrollen
- mit Küchenspagat binden
- in einer Folie im Kühlschrank aufbewahren

am nächsten Tag:
- Backrohr vorheizen: 200°C (Ober- und
  Unterhitze)
- Fleisch in einen Bräter legen, mit
  ⅛ l Wasser aufgießen, zudecken und
  ca. 90 min braten, häufig mit eigenem
  Saft begießen
- Schwarte nochmals mit 2 Prisen salzen
  und bei größter Hitze 15 min ohne Deckel
  fertigbraten

Tip:

- Dazu schmecken gut warmer oder
  kalter Krautsalat und Knödel jeder Art!
  Dieser Rollbraten schmeckt auch kalt
  sehr gut!

Rindslungenbraten Svickova

Zutaten:

1000 g Rindslungenbraten

60 g Speck

½ TL Salz

2 Prisen Pfeffer

60g Schweineschmalz

200 g Wurzelwerk
(Mören, Sellerie, Peter-
silie), fein geschnitten

150 g Zwiebeln, gehackt

6 Wacholderbeeren

10 Pfefferkörner

1 Prise Thymian

1 Prise Muskatnuß

1 Lorbeerblatt

1 TL Zitronenschale,
fein gerieben

40 g glattes Mehl

¼ l süße Sahne

1 TL Zitronensaft

ca. ¼ l klare Suppe

Gedünstete Birnenhälften

Preiselbeerkonfitüre

Zubereitung:

- den Rindslungenbraten (Filet) enthäuten, mit Speckstreifen spicken und mit Salz und Pfeffer einreiben

- in einer Kasserolle Schweineschmalz erhitzen und den Lungenbraten rundum rasch anbraten

- Backrohr vorheizen: 200°C (Ober- und Unterhitze), Rost auf mittlere Schiene einschieben

- das Wurzelwerk, Zwiebeln, Wacholderbee-ren, Pfefferkörner, Lorbeerblatt, Thymian, Muskatnuß, Zitronenschale hinzufügen und mit etwas Suppe aufgießen

- die Kasserolle zudecken, ins Rohr stellen und das Fleisch bis es weich ist ca. 60 min dünsten

- zwischendurch mit der restlichen Suppe aufgießen

- das Fleisch herausheben und warm stellen

- Mehl mit etwas Sahne vermischen, mit dem Bratensaft gut verrühren, mit etwas Suppe aufgießen und 2 min aufkochen lassen

- die Sauce passieren und mit der restlichen Sahne verrühren

- das Fleisch in Scheiben schneiden, auf einer Platte anrichten und mit Birnenhälf-ten und Preiselbeerkonfitüre garnieren

- Sauce separat servieren

Zubereitungszeit:

- ca. 90 min

Tip:

- Dazu passen hervorragend böhmische Knödel!

Zwiebel-Rindfleisch

Zutaten:

8 Scheiben Beiried
(Rostbratenried) à 100 g

je Scheibe

2 Prisen Salz und

2 Prisen schwarzer Pfeffer

50 g Butterschmalz

400 g Zwiebeln in feine
Ringe geschnitten

2 EL glatttes Mehl

2 Knoblauchzehen,
geschält, in Scheiben
geschnitten

ca. ¹⁄₁₆ l Öl

1 EL Petersilie,
feingehackt

1 EL Essig

ca. ¹⁄₈ l klare Suppe

Zubereitungszeit:

- ca.30 min

Zubereitung:

- die Beiriedscheiben mit Salz und Pfeffer
  einreiben
- Butterschmalz in einer Pfanne erhitzen
  und die Beiriedscheiben darin auf beiden
  Seiten ca. 10 min braten
- aus der Pfanne nehmen und warmstellen
- ²⁄₃ der Zwiebelringe mit Mehl vermengen
- in einer Pfanne Öl erhitzen und darin die
  Zwiebelringe in mehreren Partien schwim-
  mend ca. 5 min backen
- auf Küchenkrepp abtropfen lassen
- zum Bratenrückstand der Beiriedscheiben
  ¹⁄₃ der Zwiebelringe, Knoblauch, Petersilie,
  Essig und Suppe beifügen und zu molliger
  Konsistenz verkochen (ca. 10 min)
- eventuell mit Salz, Pfeffer und Essig
  abschmecken und mit den Beiriedscheiben
  anrichten, mit den gebackenen Zwiebelrin-
  gen garnieren

Tip:

- Zu diesem bekömmlichen Fleischgericht
  passen als Beilage Kartoffeln und natur
  zubereitetes Gemüse.

»Melde gehorsamst, Herr Oberleutnant, zum Denken benutzt der Soldat
seinen Vorgesetzten.«

Krumauer Koteletts

Zutaten:

4 Schweinskoteletts vom
Karree oder Schopfbraten

1 TL Kräutersalz

1 TL gemahlener Kümmel

50 g Schweineschmalz

150 g Zwiebeln,
fein geschnitten

2 EL edelsüßes Paprika-
pulver

½ l klare Suppe

3 Zehen Knoblauch,
zerdrückt

500 g Sauerkraut

2 Lorbeerblätter

6 Wacholderbeeren

Zubereitungszeit:

- 60 min

Zubereitung:

- Schweinskoteletts klopfen und mit Kräutersalz und Kümmel einreiben

- in einer tiefen Pfanne Schweineschmalz
erhitzen, die Koteletts rundum anbraten,
herausnehmen und warm stellen

- Zwiebeln in die Pfanne geben und im
Bratfett goldgelb rösten, etwas auskühlen
lassen

- Paprikapulver und Knoblauch untermischen und mit Suppe aufgießen

- Fleisch dazugeben und 15 min dünsten

- Sauerkraut zum Fleisch geben, Lorbeerblätter und Wacholderbeeren beifügen

- bei Bedarf mit etwas Wasser aufgießen

- ca. 30 min dünsten, bis das Kraut weich ist

Tip:

- Servieren sie die Krumauer Koteletts mit
Salzkartoffeln!

*»Der Kaiser ist ein alter Depp. Er macht ständig in die Hose. Neulich
hat ein Herr im Wirtshaus erzählt, daß er zwei Ammen hat und von ihnen
dreimal täglich gestillt wird.«*

Knuspriger Gänsebraten

Zutaten:

1 Gans (2–3 kg schwer), küchenfertig

ca. 1 EL Salz

1 TL schwarzer Pfeffer

2 EL Majoran

2–3 frische Majoran-zweige

1000 g säuerliche Äpfel

ca. ¼ l klare Suppe

⅛ l Bier

Spagat oder Holz-spießchen

Zubereitungszeit:

- ca. 200 min

Zubereitung:

- Backrohr vorheizen: 200°C (Ober- und Unterhitze), Rost auf der untersten Schiene einschieben
- die Gans waschen, trockentupfen
- innen und außen salzen, pfeffern und mit Majoran bestreuen
- die Äpfel schälen, entkernen und zusammen mit frischen Majoranzweigen in die Bauch-höhle der Gans geben
- die Brust- und Halsöffnungen der Gans mit Spagat oder Holzspießchen verschließen
- die Gans in einen Bräter legen, mit etwas Suppe aufgießen und zudecken
- ins Rohr stellen und 120 bis 180 min braten
- zwischendurch öfters mit dem entstehenden Saft übergießen, falls erforderlich, noch ein wenig Suppe nachgießen
- in den letzten 45 min den Deckel entfer-nen, Gans mit ⅛ l Bier übergießen und knusprig bräunen
- Spagat oder Holzspießchen entfernen, die Gans in Portionen aufteilen
- Bratensaft durch ein Sieb gießen und zum Gänsebraten servieren

Tip:

- Servieren Sie zum Gänsebraten Blaukraut und Knödel.

Lammfleisch à la Kafka

Zutaten:

1000 g gemischtes Lammfleisch

1 TL Salz

½ TL schwarzer Pfeffer, gemahlen

3 EL Öl

¼ l Rotwein

10 Zehen Knoblauch, zerdrückt

1 TL Thymian

2 frische Zweige Salbei

2 frische Zweige Rosmarin

ca. ¼ l Wasser

1 EL Butter

1 TL glattes Mehl

Zubereitungszeit:

- ca. 90 min

Zubereitung:

- Backrohr vorheizen: 220°C (Ober- und Unterhitze), Rost auf der untersten Schiene einschieben
- Lammfleisch mit Salz und Pfeffer einreiben
- Öl in einer Kasserolle erhitzen und das Fleisch darin rundum anbraten
- mit Rotwein aufgießen und Knoblauch, Thymian, Salbei, Rosmarin beifügen
- die Kasserolle zudecken, ins Backrohr stellen, nach 30 min Temperatur auf 200°C reduzieren und noch ca. 40 min fertigbraten, bis das Fleisch weich ist
- zwischendurch das Fleisch bei Bedarf mit etwas Wasser aufgießen
- Fleisch aus der Kasserolle heben, warm stellen, Bratensaft passieren
- Butter und Mehl auf einem Teller gut abkneten, zum Bratensaft geben und unter ständigem Rühren ca. 2 min leicht wallend kochen
- Fleisch von den Knochen lösen, anrichten und mit dem Bratensaft servieren

Tip:

- Hervorragend passen zum Lammfleisch nach Art des Hauses Petersilien- oder Salzkartoffeln und grüne Bohnen.

Klassische Lammkeule

Zutaten:

1 Lammkeule, ca. 1500 g

1 TL Salz

½ TL schwarzer Pfeffer

2 frische Zweige Rosmarin, ca. in der Länge des Bratens

3 EL Öl

30 g Butter

ca. ¼ l klare Suppe

Zubereitungszeit:

- ca. 120 min

Zubereitung:

- die Lammkeule mit Salz und Pfeffer einreiben
- der Länge nach 2 Einschnitte machen, die Rosmarinzweige hineindrücken
- den Braten abbinden
- in einer Bratpfanne Öl und Butter erhitzen und den Braten rundum anbraten
- mit Suppe aufgießen und zudecken
- im Rohr bei 200°C (Ober- und Unterhitze), Rost auf mittlerer Schiene einschieben, ca. 100 min fertig braten, zwischendurch mit dem eigenen Saft begießen und wenn nötig mit etwas Suppe aufgießen

Tip:

- Servieren Sie zur Lammkeule grüne Bohnen, Möhren und Salzkartoffeln.

Reh- oder Hirschschnitzel

Zutaten:

800 g Reh- oder
Hirschschnitzel

80 g Räucherspeck

für jedes Schnitzel:

1 Prise Thymian

2 Prisen Salz,

1 Prise Pfeffer

100 g Mehl

⅛ l süße Sahne

40 g Butterschmalz

¼ l klare Suppe

Kräutersalz

Zubereitungszeit:

- 45 min

Zubereitung:

- Schnitzel klopfen, einschneiden und mit Speck spicken

- mit Salz, Pfeffer und feingemahlenem Thymian einreiben

- eine Schnitzelseite in Mehl tauchen, auf beiden Seiten ca. 15 min braun braten und warmstellen

- den Bratensaft mit der Suppe 2 min aufkochen, Sahne dazugießen, mit Kräutersalz abschmecken und die Schnitzel darin noch 10 min ziehen lassen

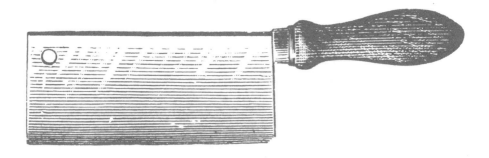

Knoblauchsahne

Zutaten:

¼ l saure Sahne

4 Zehen Knoblauch, zerdrückt

ca. ½ TL Salz

1 Prise Pfeffer

Zubereitungszeit:

- 10 min

Zubereitung:

- Sahne mit Knoblauch, Salz und Pfeffer gut verrühren

Gänseleber mit Zwiebeln

Zutaten:

3 EL Gänseschmalz

250 g Zwiebeln, fein geschnitten

500 g Gänseleber

ca. ½ TL Salz

2 Prisen Pfeffer

Zubereitungszeit:

- ca. 25 min

Zubereitung:

- Gänseleber von Sehnen und Fett befreien, waschen, trockentupfen
- in mundgerechte Stücke schneiden
- in einer Kasserolle Gänseschmalz erhitzen, Zwiebeln glasig anbraten
- Leber dazugeben und unter ständigem Rühren 10 min gleichmäßig von allen Seiten braten
- kurz vor dem Servieren mit Salz und Pfeffer würzen

Rehbraten Natur

Zutaten:

1000 g Rehschlegel

1 TL Salz

3 Prisen Pfeffer

Saft ½ Zitrone

60 g Butter

100 g durchzogener Speck, würfelig geschnitten

⅜ l Rotwein

¼ l Wasser

⅛ l saure Sahne

1 EL Mehl zum Binden

1/16 l süße Sahne

Zubereitungszeit:

- 120 min

Zubereitung:

- Backrohr einschalten: 200°C (Ober- und Unterhitze)
- Rehschlegel mit Zitronensaft beträufeln und mit Salz und Pfeffer einreiben
- in einer Pfanne die Butter erhitzen und den Schlegel rundum kräftig anbraten
- den angebratenen Schlegel in eine Kasserolle mit Deckel legen und mit dem Bratenrückstand übergießen
- Speck in einer Pfanne knusprig anbraten und danach um den Schlegel verteilen
- mit der Hälfte des Rotweins und dem Wasser aufgießen und den Deckel aufsetzen
- den Rost mit der Kasserolle auf die unterste Schiene des Backrohrs schieben und den Rehschlegel 100 min braten
- zwischendurch öfter den Braten mit dem eigenen Saft und dem restlichen Rotwein übergießen
- den Rehschlegel vorsichtig herausheben und zum Rasten auf einen Teller legen
- den Bratensaft passieren und in einen Topf leeren
- saure Sahne mit Mehl glattrühren, mit einem Schneebesen in den Bratensaft einrühren und unter ständigem Rühren 3 min leicht kochen lassen
- süße Sahne beifügen und abschmecken
- Fleisch in Scheiben schneiden und mit der Soße servieren

Tip:

- Zu diesem Gericht passen besonders gut Omas Lieblingsknödel und Blaukraut.

Karpfenfilet Wallenstein

Zutaten:

800 g Karpfenfilet

Saft von 1 Zitrone

ca. 1 EL Salz

½ TL schwarzer Pfeffer

1 TL edelsüßer Paprika

6 Zehen Knoblauch, zerdrückt

4 EL Mehl

30 g Butterschmalz

Knoblauchbutter:

50 g Butter

3 Zehen Knoblauch, zerdrückt

Zubereitungszeit:

- Ohne Wartezeit 30 min

Zubereitung:

- die Karpfenfilets waschen, trockentupfen
- mit Zitronensaft beträufeln, mit Salz, Pfeffer, Paprika und Knoblauch einreiben und mindestens 1 Stunde ziehen lassen
- in einer flachen Pfanne Butterschmalz erhitzen
- die Karpfenfilets beidseitig in Mehl tauchen und im heißen Fett rasch rundum goldbraun anbraten
- die Filets in eine längliche Kasserolle legen (nicht übereinander), mit ⅛ l klarer Suppe aufgießen
- Backrohr auf 180°C einschalten, Rost auf der mittleren Schiene einschieben
- Kasserolle auf den Rost stellen und den Fisch noch ca. 20 min fertiggaren, dabei nicht zudecken
- jede Portion mit Knoblauchbutter anrichten

»Unter den Habsburgern war in Böhmen schon alles gehirnamputiert. Aber seit die Kommunisten da sind, ist alles nur noch Schrott. Was unserem Volk widerfahren ist, läßt sich in Worten nicht ausdrücken. Ich versuche, es Ihnen auf der Mundharmonika vorzuspielen.«

Böhmisches Bier

Daß Böhmen das Land des Bieres ist, beweisen die weltberühmten Marken Pilsener und Budweiser. Es gibt Hunderte verschiedene Sorten – helle, dunkle, süße, herbe. Bier wurde natürlich bereits im Mittelalter getrunken. In Pilsen gab es beispielsweise schon 1290 ein städtisches Brauhaus.

Doch der delikate Pilsener Urquell wurde von einem bayerischen Gastarbeiter erfunden: Der Bierbrauer Josef Groll aus Vilshofen braute erstmals 1842 in der Brauerei Prazdroj (»Urquell«) den legendären Gerstensaft, der im Sturm die Herzen aller Bierbäuche eroberte. Bis zu diesem Meilenstein der Biergeschichte hatte man fast ausschließlich trübes Dunkelbier getrunken. Die Pilsener brachten mit ihrem leichten, goldhellen Bier etwas Neues auf den Markt. Das flüssige Gold wurde, weil es besser aussah, statt in Tonhumpen oder Holzkrügen in Gläsern serviert. So leuchtete das »Pils« verführerisch und perlte wie Glitzertau auf Löwenzahnblüten. Wer es bloß im Glase schimmern sah, bekam Durst. Der Durst setzte sich rasant fort, übersprang Grenzen und Meere.

Ein paar Jahre nach der Eröffnung der Pilsener Brauerei wurde der würzige Pilsener Urquell ein Hit in der ganzen zivilisierten Welt. Täglich rollte ein ganzer Güterzug mit Pilsener Urquell nach Bremen, verschwand dort in den Bäuchen der Schiffe und kam so, sanft vom Atlantik in den Schlaf gewiegt, in den USA an. Ein anderer »Bierzug« fuhr ab 1. Oktober 1900 von Pilsen nach Wien, jeden Tag.

Der nicht minder berühmte Hit ist das etwas süßere Budweiser Lagerbier. Es ist 12gradig und muß 90 Tage im Lagerkeller heranreifen, bis es die Reise zum Bierfreund antritt. Pils ist Pils, und Budweiser hat den Ehrentitel »Das Bier der Könige«. Denn die böhmischen Könige haben es gerne getrunken. König Wenzel der Faule hat es sogar so hemmungslos gesoffen, daß er immer so blau war, daß ihn die deutschen Kurfürsten wegen ständigen Suffs als König absetzten.

Aber, wenn Sie zu Gast in Böhmen sind, vergessen Sie nicht, daß auch andere Brauereien Köstlichkeiten erzeugen. Am besten trinkt man sich ganz langsam durch alle Sorten durch, um »sein« Bier zu finden. Denn »Pivo«, wie die Tschechen sagen, ist eine Philosophie für sich.

Warum böhmisches Bier so wunderbar schmeckt, haben Experten zu ergründen gesucht. Darüber gibt es ganze Bibliotheken. Es soll am Wasser, am Schimmel im Keller, am guten böhmischen Hopfen, an der Zauberkunst der Bierbrauer oder der

Gunst der Kellergeister liegen. Das sind Spekulationen. Der wahre Grund ist viel einfacher. Wenn der legendäre Wallenstein, kaiserlicher Feldherr im 30jährigen Krieg, Herzog von Friedland und Großgrundbesitzer nahezu ganz Böhmens, seine Güter inspizierte, so zitterten alle Verwalter. Denn der Bierfreund hatte verfügt, daß stets mehrere Fässer allerbesten Bieres für ihn bereitstehen müßten. Entsprach der Gerstensaft nicht seinem fürstlichen Geschmack, drohte dem Verwalter mitsamt dem Braumeister eine Strafe von 100 Stockhieben. Man kann sich vorstellen, welche Qualitätssteigerungen das böhmische Bier durchmachte. Nach jeder Prügelei wurde es besser und besser. Als es schließlich Spitzenklasse hatte, führte der geschäftstüchtige Wallenstein in seinen böhmischen Ländereien das Biermonopol ein. Seine Untertanen durften nur noch sein gutes Bier trinken. Sie haben sich über die Jahrhunderte so daran gewöhnt, daß ihnen ausländisches Bier nur mit Widerwillen über die Zunge kommt.

Hauptspeisen
mit Gemüse
und Kartoffeln

Überbackene Schinkenfleckerl

Zutaten:

300 g gekochte Fleckerl
(Teigwaren)

ca. 700 g Rollschinken,
gekocht

6 Knoblauchzehen

ca. 2 Prisen Salz

1 Prise schwarzer Pfeffer

1 Prise Muskatnuß

5 Eier

120 g Butter

1 EL gehackte Kräuter
nach Saison

2 EL Brösel

ca. 30 g Butterflöckchen

für die Auflaufform:
ca. 20 g Butter

Zubereitungszeit:

- ca. 60 min

Zubereitung:

- Auflaufform mit Butter ausstreichen
- Schinken in Stücke schneiden und mit dem Knoblauch durch den Fleischwolf drehen
- diese Masse mit Salz, Pfeffer und Muskatnuß würzen
- Backrohr einschalten: 170°C, Rost auf die mittlere Schiene schieben
- 2 Rührschüsseln bereitstellen, Eier in Dotter und Klar trennen
- Eiklar steif schlagen
- in der zweiten Rührschüssel Eidotter und weiche Butter cremig rühren
- Kräuter, Schinkenmasse und gekochte Teigwaren untermischen
- Schinkenfleckerl und steifen Schnee abwechselnd in die Form füllen, mit Schnee abschließen
- Auflauf mit Bröseln bestreuen und mit Butterflöckchen belegen
- Auflauf auf den Gitterrost des Backrohres stellen und bei 170°C ca. 30 min goldgelb backen

Tip:

- Dazu schmecken frische Blattsalate besonders gut.

Krautfleckerl

Zutaten:

ca. 3 l Wasser

1 TL Salz

1 EL Öl

300 g Fleckerl (Teigwaren)

1/16 l Öl

20 g Butter

300 g Zwiebeln, in feine
Ringe geschnitten

1 EL Zucker

750 g junges Weißkraut,
fein geschnitten

1 EL Salz

½ TL schwarzer Pfeffer

1 TL Kümmel

3/8 l Wasser

Zubereitungszeit:

- 40 min

Zubereitung:

- in einem Kochtopf Salzwasser zum Kochen
  der Teigwaren aufsetzen
- Öl und Butter in einer Kasserolle erhitzen
- Zwiebeln und Zucker dazugeben und hellbraun anrösten
- Kraut, Salz und Kümmel untermischen
  und unter ständigem Rühren braun werden
  lassen
- mit 3/8 l Wasser aufgießen und kernig weich
  garen, ca. 25 min
- eventuell zwischendurch noch etwas Wasser
  dazugeben
- die inzwischen gekochten Fleckerl abseihen
  und mit kaltem Wasser abspülen
- die Fleckerl mit dem fertigen Kraut vermischen und noch 5 min durchziehen lassen

Schinkenfleckerl

Zutaten:

ca. 3 l Wasser

1 TL Salz

1 EL Öl

300 g Fleckerl (Teigwaren)

30 g Butter

150 g Zwiebeln,
fein gehackt

1 EL grüne Petersilie,
fein gehackt

300 g Schinken, klein-
würfelig geschnitten

1 Prise Salz

1 Prise Pfeffer

Zubereitungszeit:

• 30 min

Zubereitung :

• in einem Kochtopf Wasser mit Salz und Öl zum Kochen bringen und darin die Fleckerl kernweich kochen

• dann die Fleckerl in ein Sieb leeren und anschließend mit kaltem Wasser abspülen

• in einer Kasserolle Butter erhitzen, Schinken, Zwiebeln und Petersilie dazugeben und goldbraun anrösten

• die gekochten Fleckerl dazugeben und gut durchmischen

• mit Salz und Pfeffer abschmecken und nochmals erwärmen

Tip:

• Servieren sie zu den Schinkenfleckerln frische Salate.

Saure Kartoffeln

Zutaten:

1 Möhre

1 Petersilienwurzel

½ Sellerieknolle

1000 g Kartoffeln

2 Knoblauchzehen, zerdrückt

½ Zwiebel, feingehackt

2 Lorbeerblätter

ca. 1 EL Kräutersalz

1 Prise schwarzer Pfeffer

1 Prise Zucker

1 TL Majoran

1 EL Apfelessig

für die Mehlschwitze:

2 EL Butterschmalz oder Öl

3 EL glattes Mehl

Zubereitungszeit:

- 60 min

Zubereitung:

- Gemüse putzen, waschen, kleinschneiden und in einen Kochtopf füllen
- Kartoffeln waschen, schälen, würfelig schneiden und dazugeben
- Knoblauch, Zwiebeln, Lorbeerblätter, Kräutersalz, Pfeffer, Zucker, Majoran, Essig und soviel Wasser, daß alles gut bedeckt ist, beifügen und ca. 30 min leicht wallend kochen lassen
- in einer Pfanne Fett zergehen lassen und Mehl dazugeben
- so lange rösten, bis eine hellbraune Mehlschwitze entstanden ist
- nun die Mehlschwitze dem Gemüse beifügen, gut durchrühren und abschmecken

»Ich möchte mir für so was einen Browning kaufen. Der schaut aus wie ein Spielzeug, aber Sie können damit in zwei Minuten zwanzig Erzherzöge niederschießen, magere oder dicke. Obgleich man, unter uns gesagt, Frau Dienstbier, einen dicken Erzherzog besser trifft als einen mageren.«

Gestürzte Kartoffeln

Zutaten:

1000 g Kartoffeln,
gedämpft und geschält

1 EL Salz

50 g Schweineschmalz

200 g Zwiebeln, in feine
Ringe geschnitten

2 EL Brösel

Zubereitungszeit:

- ohne Kartoffeldämpfen: 20 min

Zubereitung:

- die Kartoffeln blättrig schneiden
- in einer Kasserolle Fett erhitzen und darin
die Zwiebelringe goldgelb rösten
- Kartoffeln dazugeben, salzen, gut durchmischen und mit Bröseln überstreuen
- den Rost mit der Kasserolle in die Mitte
des Backrohres schieben und bei 200°C
(Oberhitze) ca. 10 min überbacken

Kartoffeltaler

Zubereitungszeit:

- ca. 45 min

Zubereitung:

- Kartoffeln kochen, schälen, heiß passieren
- auf einer Arbeitsfläche mit Mehl, Butter,
Ei, Salz, Zwiebeln, Schnittlauch und Petersilie zu einem geschmeidigen Teig kneten
- diesen sofort zu einer Rolle formen, kleine
Stücke abschneiden
- diese mit einem Rollholz messerrückendick
auswalken
- in einer Pfanne Fett erhitzen und die
Erdäpfeltaler auf beiden Seiten rasch,
ca. 3 min, herausbacken

Zutaten:

600 g mehlige Kartoffeln

150 g griffiges Mehl

40 g Butter

ca. ½ TL Salz

1 Ei

100 g Zwiebel, gehackt

2 EL Schnittlauch

2 EL Petersilie

Fett zum Backen

Tip:

- Servieren Sie diese Kartof-
feltaler mit Sauerkraut oder
frischem Salat.

Kartoffelpuffer

Zutaten:

500 g Kartoffeln

1 TL Salz

5 EL Mehl

4 Eier

100 g Zwiebeln, feingehackt

100 g durchzogener Räucherspeck

6 Knoblauchzehen

½ TL Kümmel

1 TL Majoran

2 Prisen Pfeffer

Backfett

Zubereitungszeit:

* ca. 20 min

Zubereitung:

* in einer Pfanne den Räucherspeck erhitzen, Zwiebeln beifügen und ca. 2 min rösten
* die rohen Kartoffeln schälen, im kalten Wasser kurz abspülen und grob reiben
* in einer Schüssel die Kartoffeln mit Eiern, Räucherspeck und Zwiebeln, Salz, Kümmel, Majoran und Pfeffer gut vermischen
* in einer flachen Bratpfanne soviel Fett erhitzen, daß der Boden ca. 1 cm hoch bedeckt ist
* in das heiße Fett pro Puffer je 2 EL der Masse hineingeben und zu runden Fladen flachdrücken, Temperatur reduzieren
* sobald die Puffer auf einer Seite braun sind, mittels Backschaufel umdrehen und fertig backen, insgesamt ca. 4 min
* auf ein Gitter oder Küchenpapier kurz zum Abtropfen legen und noch heiß servieren

Tip:

* Servieren Sie zu den Kartoffelpuffern Salat oder Gemüse.

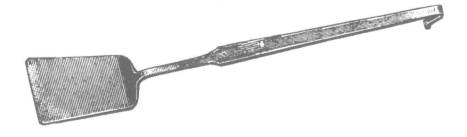

Frau Dienstbiers Kartoffellaibchen

Zutaten:

800 g mehlige Kartoffeln, mit der Schale gekocht

150 g durchzogener Räucherspeck oder geräucherte Wurst

1 Ei

1 EL Kräutersalz

1 Prise Pfeffer

½ TL Majoran

2 Knoblauchzehen, zerdrückt

150 g Zwiebeln, feingehackt

glattes Mehl nach Bedarf, ca. 100 g

vegetarische Variante:

Anstatt des Specks 3 EL frische Kräuter, sehr fein gehackt

Fett zum Backen (z. B. Öl, ca. 2 cm hoch in die Pfanne füllen)

Zubereitungszeit:

- ohne Kartoffelkochen: 30 min

Zubereitung:

- Kartoffeln schälen und gemeinsam mit dem Speck durch den Fleischwolf drehen und in eine Schüssel füllen (falls kein Fleischwolf zur Verfügung steht: Kartoffeln passieren und Speck sehr klein schneiden)

- der Masse Ei, Kräutersalz, Pfeffer, Majoran, Knoblauch und Zwiebeln hinzufügen und gut durchrühren

- nun soviel bindendes Mehl – ca. 100 g – hinzufügen, daß eine feste Masse entsteht

- aus der Masse kleine Laibchen formen, flach drücken und in einer Pfanne in heißem Fett ca. 10 min herausbacken – zwischendurch die Laibchen öfter wenden

Tip:

- Zu diesen Laibchen passen sehr gut Gurkensalat mit Sahne oder Blattsalate.

»Mit den Frauen ist das eine verzwickte Sache: eine ist zuviel und keine ist zuwenig.«

Petersilienkartoffeln

Zutaten:

1000 g speckige Kartoffeln

Wasser

30 g Butter oder
Schweineschmalz

1 TL Salz

1 EL Petersilie,
feingehackt

Zubereitung:

- Kartoffeln mit der Schale waschen, in einen Kochtopf füllen und mit soviel Wasser auffüllen, daß sie bedeckt sind, ca. 30 min kochen (noch besser ist es, die Kartoffeln im Schnellkochtopf zu dämpfen)

- die Kartoffeln mit kaltem Wasser abschrecken und schälen

- in einer Kasserolle Fett zergehen lassen, die Kartoffeln hineingeben

- mit Salz und grüner Petersilie bestreuen und gut durchmischen

Zubereitungszeit:

- ca. 45 min

Weißbrot

Zutaten:

500 g Vorschußmehl

1 TL Salz

1 Prise Zucker

1 EL Brotgewürz, gemahlen (bestehend aus Fenchel, Anis, Kümmel, Koriander)

30 g frische Hefe

⅜ l Milch

1 EL Öl

Zubereitungszeit:

- Vom Beginn bis zum fertigen Brot: mindestens 3½ Stunden

Zubereitung:

- das Mehl in eine Rührschüssel leeren. Salz, Zucker und Brotgewürz untermischen

- in der Mitte der Mehlmischung mit einem Kochlöffel eine Vertiefung formen und die Hefe hineinbröckeln

- mit ⅛ l lauwarmer Milch übergießen, etwas Mehl darüber stäuben, die Schüssel mit einem Tuch zudecken und an einen warmen Ort stellen

- nach 10 min die restliche warme Milch und das Öl zufügen und mit dem Knethaken so lange kneten, bis sich der Teig von der Schüssel löst und seidig glänzt (wenn der Teig an der Schüssel festkleben sollte – noch etwas Mehl dazugeben)

- den Teig in der Schüssel lassen, zudecken und an einen warmen Ort stellen

- bis zur doppelten Menge aufgehen lassen - dauert 30–45 min – zusammendrücken, wieder zudecken und nochmals aufgehen lassen

- den Teig wieder zusammendrücken, zudecken und nochmals aufgehen lassen – dauert jeweils nur mehr 20–30 min

- den Teig auf eine bemehlte Arbeitsfläche stürzen, mit den Händen gut durchkneten

- mit feuchten Händen einen Wecken formen und auf ein Backblech legen

- Backblech im kalten Rohr auf der untersten Schiene einschieben, Backrohr auf 40°C (Ober- u. Unterhitze) einschalten und den Wecken 15 min aufgehen lassen

- Backrohrtemperatur auf 200°C erhöhen und das Brot ca. 50 min backen

Tip:

- Der Teig geht besser auf, wenn die Rührschüssel während des Aufgehens zu ⅓ in warmem Wasser steht.

Bierbrötchen

Zutaten:

500 g Roggenmehl

1 EL Brotgewürz

1 TL Salz

2 TL Backpulver

½ l helles Bier

Backblechpapier für das Blech

Zubereitungszeit:

- ca. 45 min

Zubereitung:

- Backrohr einschalten: 180°C (Ober- und Unterhitze)
- in einer Schüssel Roggenmehl, Brotgewürz, Salz, Backpulver und Bier zu einem glatten Teig verrühren
- diese Masse mit Hilfe eines Löffels in 15 Häufchen teilen
- die Häufchen mit bemehlten Händen zu länglichen Brötchen formen
- auf das mit Papier belegte Backblech legen, auf der mittleren Schiene einschieben und bei 180°C ca. 30 min backen

Gebackener Blumenkohl

Zutaten:

2 Blumenkohlköpfe

ca. ½ l Wasser, 1 TL Salz und ⅛ l Milch

(man gibt Milch dazu, damit der Blumenkohl die helle Farbe behält)

¼ l Bier

250 g Mehl

2 Eier

1 EL Öl

1 Prise Salz

Fett zum Herausbacken

Zubereitungszeit:

- ca. 30 min

Zubereitung:

- Blumenkohl in Salzwasser mit Milch halb gar (am Besten im Schnellkochtopf, dauert 2 min) dämpfen
- abtropfen lassen und in Röschen teilen
- in einer Schüssel Mehl mit Bier, Eiern, Öl und Salz zu einem glatten Teig verrühren
- in eine Pfanne 3 cm Fett eingießen und erhitzen
- die Röschen durch den Teig ziehen und im Fett ca. 5 min herausbacken

Tip:

- Zwischen den einzelnen Backdurchgängen Fett abseihen und von den Backrückständen befreien.
- Zum gebackenen Blumenkohl passen frische Salate und Kräutersahnesaucen.

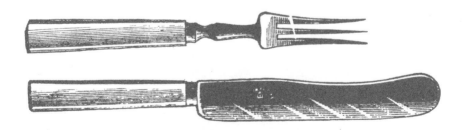

Orginal Böhmische Knödel

Zutaten:

400 g griffiges Mehl

25 g frische Hefe

ca. ¼ l Milch, lauwarm

1 Ei

30 g Weißbrot,
würfelig geschnitten

1 TL Salz

30 g Butter

1 EL Petersilie,
feingehackt

zum Kochen:

3 l Wasser

1 EL Salz

Zubereitungszeit:

- ca. 90 min

Zubereitung:

- Mehl in eine Schüssel sieben
- Hefe darauf bröseln, die Hälfte der Milch dazugeben und 10 min aufgehen lassen
- die restliche Milch, Ei, Weißbrotwürfel und Salz beifügen und so lange kneten, bis sich der Teig von der Schüssel löst (anderenfalls noch Milch oder Mehl zugeben)
- nun den Teig zugedeckt an einem warmen Ort ca. 30 min aufgehen lassen
- den Teig auf einer Arbeitsfläche durchkneten, zu einer Stange formen und 10 min rasten lassen
- inzwischen Salzwasser in einem Kochtopf zum Kochen bringen
- die Teigrolle ca. 25 min im zugedeckten Topf leicht wallend kochen
- die Teigrolle sofort mit einer Gabel anstechen und danach herausnehmen
- in Scheiben schneiden, mit zerlassener Butter und mit Petersilie bestreut anrichten

»Mein Anwalt hat gesagt, wenn ich schon einmal für schwachsinnig erklärt worden bin, dann muß ich davon fürs ganze Leben einen Vorteil haben.«

Stefanies Grießknödel

Zutaten:

120 g Butter

⅜ l Milch

180 g Grieß

3 Semmeln/weiße Brötchen, in Würfel geschnitten

1 EL Kräutersalz

1 Prise schwarzer Pfeffer, gemahlen

50 g Zwiebeln, feingehackt

50 g durchzogener Speck, kleingeschnitten

4 Eier

vegetarische Variante:
2 EL beliebige frische, kleingehackte Kräuter der Masse anstatt des Speck-Zwiebelgemisches beimischen.

Zubereitungszeit:

- ca. 50 min

Zubereitung:

- in einem Kochtopf Butter mit Milch, Kräutersalz und Pfeffer aufkochen
- Grieß und geschnittene Semmeln einrühren, bis sich die Masse vom Topf löst, das dauert ca. 2 min
- Speckwürfel mit gehackter Zwiebel durchrösten, mit der Grießmasse vermengen und ca. 20 min rasten lassen
- einen Kochtopf mit Salzwasser zum Kochen bringen
- Eier trennen, Dotter zur Grießmasse geben
- Eiklar zu Eischnee schlagen
- nun die Dotter und den Eischnee vorsichtig mit der Grießasse vermengen
- mit nassen Händen Knödel formen und in das leicht kochende Salzwasser einlegen
- 10 min bei offenem Deckel leicht wallend kochen und 10 min bei geschlossenem Deckel nachziehen lassen

Tip:

- Diese Knödel schmecken besonders gut zu Blattsalaten oder Gurkensalat mit Sahne.

Reiberknödel

Zutaten:

600 g mehlige gekochte
Kartoffeln

300 g mehlige rohe
Kartoffeln

1 TL Salz

30 g glattes Mehl

Zubereitungszeit:

- ca. 60 min

Zubereitung:

- die Kartoffeln 30 min kochen oder dämpfen, schälen und noch heiß durch eine Kartoffelpresse drücken oder passieren
- die rohen Kartoffeln fein reiben und nach 10 min durch ein Tuch auspressen
- das Salzwasser in einer Kasserolle zum Kochen bringen
- die gekochten und rohen Kartoffeln mit Salz auf einer Arbeitsfläche vermischen und kräftig durchkneten
- Knödel formen, diese in Mehl wälzen und in das kochende Salzwasser einlegen
- die Knödel bei offenem Deckel 10 min leicht wallend kochen lassen
- danach 10 min bei fast geschlossenem Deckel ziehen lassen

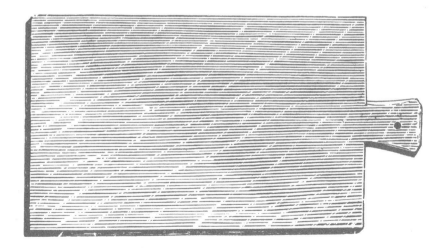

Omas Lieblingsknödel

Zutaten:

750 g mehlige Kartoffeln, geschält, eventuell geteilt

150 g Kartoffelmehl

1 Ei

1 TL Salz

3 l Wasser mit 1 TL Salz zum Kochen der Knödel

Zubereitungszeit:

- 60 min

Zubereitung:

- die Kartoffeln ca. 30 min kochen oder noch besser dämpfen (Druckkochtopf)
- noch heiß durch eine Kartoffelpresse drücken oder passieren und einige Minuten auf einer Arbeitsfläche auskühlen lassen
- Kartoffelmehl, Ei und Salz beifügen, mit einem Kochlöffel durchrühren
- danach die Masse mit den Händen gut durchkneten
- mit feuchten Händen 8 Knödel formen und in das kochende Wasser einlegen
- 10 min leicht wallend kochen – bei etwas geöffnetem Deckel
- 5 min bei geschlossenem Deckel nachziehen lassen

Tip:

- Diese Knödel passen speziell zu Fleischspeisen mit Saft oder Soße.

Wenn Schwejk später sein Leben im Irrenhaus erzählte, geschah dies nur positiv: »Ich weiß wirklich nicht, warum die Narren sich aufregen, wenn man sie dort einsperrt. Dort gibt's eine Freiheit, wie sie sich nicht mal die Sozialisten erträumen.«

Rosas Kartoffelknödel

Zutaten:

1000 g Kartoffeln

200 g Kartoffelmehl

100 g Grieß

1 TL Salz

20 g glattes Mehl

3 l Wasser mit 1 TL Salz
zum Kochen der Knödel

Zubereitungszeit:

- ca. 60 min

Zubereitung:

- die Kartoffeln 30 min kochen oder dämpfen (Druckkochtopf)
- noch heiß durch eine Kartoffelpresse drücken oder passieren und auf einer Arbeitsfläche auskühlen lassen
- das Salzwasser zum Kochen bringen
- der Kartoffelmasse Kartoffelmehl, Grieß und Salz beifügen und den Teig kräftig mit den Händen durchkneten
- ca. 10 Knödel formen, diese in Mehl wälzen und in das kochende Wasser einlegen
- 10 min leicht wallend kochen bei geöffnetem Deckel und
- 10 min bei geschlossenem Deckel nachziehen lassen

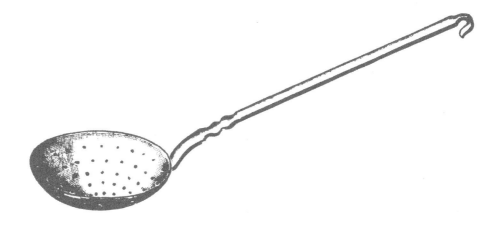

Kartoffel-Grießknödel

Zutaten:

500 g mehlige Kartoffeln
250 g Grieß
50 g Butter
1 Ei
1 TL Salz

zum Kochen:
3 l Wasser
1 TL Salz

Zubereitungszeit:

- 50–60 min

Zubereitung:

- Kartoffeln mit der Schale kochen oder noch besser dämpfen
- in einer Kasserolle Wasser mit Salz zum Kochen bringen
- die fertig gekochten Kartoffeln schälen und noch heiß auf eine Arbeitsfläche fein pressen oder passieren
- sofort mit Grieß, Butter, Ei und Salz vermengen und gut durchkneten
- mit nassen Händen Knödel formen
- in kochendes Salzwasser einlegen und 15 min leicht kochen, Deckel dabei leicht geöffnet lassen

Gurkensauce

Zutaten:

2 mittelgroße Gurken

30 g Butter

150 g Zwiebeln, fein geschnitten

1 EL Petersilie, feingehackt

1 TL Kräutersalz

½ l klare Suppe

ca. 1 EL Zitronensaft

⅛ l saure Sahne

1 EL glattes Mehl

1 EL Dille, feingehackt

Zubereitungszeit:

- 40 min

Zubereitung:

- Gurken schälen und würfelig schneiden
- in einer Kasserolle Butter erhitzen, Zwiebel und Petersilie anschwitzen
- Gurkenwürfel und Kräutersalz einrühren
- mit Suppe aufgießen und ca. 30 min weich-dünsten
- saure Sahne mit Mehl in einem kleinen Gefäß verrühren und die Gurkensauce damit binden
- mit Zitronensaft und frischer Dille vor dem Servieren verfeinern

Tip:

- Diese Gurkensauce paßt sehr gut zu gekochtem Fleisch.

Kräutersahnesauce

Zubereitung:

- Sahne mit Kräutern, Kräutersalz, Knoblauch und Pfeffer gut verrühren

Zutaten:

¼ l saure Sahne

2 EL frische Kräuter, feingehackt

1 TL Kräutersalz

1 Zehe Knoblauch, zerdrückt

1 Prise Pfeffer

Gedünstetes Blaukraut

Zutaten:

1000 g Blaukraut (Rot-
kohl), fein geschnitten

40 g Fett

200 g Zwiebeln,
feingehackt

30 g Zucker

3 säuerliche Äpfel,
in Scheiben geschnitten

1 TL Kümmel

1 TL Salz

½ l Rotwein

¼ l Wasser

zum Binden:

20 g glattes Mehl mit
etwas Wasser verrühren

Zubereitung:

- in einer Kasserolle Fett erhitzen und die
  Zwiebeln mit Zucker unter ständigem
  Rühren goldgelb rösten

- Kraut, Äpfel, Kümmel, Salz, Rotwein und
  Wasser dazugeben

- weichkochen, ca. 30 min, im Druckkochtopf 5 min

- mit dem Mehl-Wassergemisch binden und
  5 min verkochen lassen

Tip:

- Dieses Blaukraut schmeckt sehr gut zu
  Wildspeisen oder böhmischen Semmelknödeln.

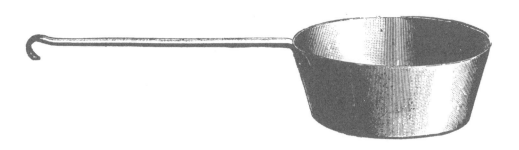

Weißkraut auf böhmische Art

Zutaten:

750 g Weißkohl,
fein geschnitten

1 TL Kümmel

50 g Schmalz

200 g Zwiebeln,
feingehackt

1 EL Mehl

1 TL Salz

1 TL Zucker

1 EL Essig

Zubereitungszeit:

- ca. 60 min

Zubereitung:

- in einer Kasserolle 1l Wasser zum Kochen bringen
- das geschnittene Kraut und Kümmel dazugeben und 30 min offen kochen lassen
- in einer Kasserolle das Schmalz erhitzen und die gehackten Zwiebeln goldgelb rösten
- Mehl darüber stäuben und hellbraun anschwitzen
- Weißkohl abseihen (Kochwasser zur Seite stellen) und zur Zwiebelmasse geben
- etwa ⅛ l Kochwasser dazugießen, Salz und Zucker unterrühren
- unter mehrmaligem Umrühren zugedeckt noch 15 min weich dünsten
- zum Schluss mit Essig abschmecken

Tip:

- Diese Beilage paßt sehr gut zu böhmischen Spatzen oder böhmischen Semmelknödeln!

»Wo haben Sie so gut kochen gelernt?« Schwejk: »In Bremen, wo ich vor Jahren auf Wanderschaft war, von einem versoffenen Seemann. Der hat gesagt, Grog muß so stark sein, daß einer, der ins Meer fällt, von selbst über den Ärmelkanal schwimmt, weil Alkohol im Körper wie eine Schwimmweste wirkt. Nach einem schwachen Grog ersäuft man wie ein junger Hund.«

Speckbohnen

Zutaten:

500 g grüne Bohnen

1 EL Öl

150 g Zwiebeln, in feine Ringe geschnitten

200 g durchzogener Räucherspeck, würfelig geschnitten

ca. ½ TL Salz

ca. 2 Prisen schwarzer Pfeffer

Zubereitungszeit:

- ca. 20 min

Zubereitung:

- grüne Bohnen, putzen, waschen, in etwas 5 cm lange Stücke schneiden und ca. 10 min (kommt auf die Sorte an) bißfest kochen
- abseihen, abschrecken
- in einer Pfanne Öl erhitzen, Zwiebelringe beifügen und hellgelb rösten
- Räucherspeck untermischen und unter ständigem Rühren ca. 2 min rösten
- die grünen Bohnen untermischen, mit Salz und Pfeffer abschmecken

Apfelkren

Zubereitung:

- in einer Schüssel Apfel mit Sahne und Meerrettich vermischen
- Salz, Pfeffer, Zucker und Zitronensaft unterrühren und abschmecken

Tip:

- Schmeckt gut zu gekochtem Fleisch oder kalten Braten.

Zutaten:

1 säuerlicher Apfel, fein gerieben

¼ l saure Sahne

3 EL Kren (Meerrettich), fein gerissen

½ TL Salz

1 Prise Pfeffer

1 Prise Zucker

1 TL Zitronensaft

Gestürztes Sauerkraut

Zutaten:

40 g Speck,
würfelig geschnitten

100 g Zwiebeln,
feingehackt

1 Prise Zucker

400 g Sauerkraut,
2–3 mal durchgeschnitten

2 EL Apfelessig

⅛ l Wasser

ca. 1 TL Salz

300 g Kartoffeln

250 g Rauchfleisch,
gekocht, in Scheiben
geschnitten

⅛ l saure Sahne

für die Auflaufform

20 g Butter und

3 EL Brösel

Zubereitungszeit:

* ca. 70 min

Zubereitung:

* Kartoffeln mit der Schale kochen oder noch besser dämpfen
* Speck und Zwiebeln in einer Kasserolle goldgelb rösten
* Sauerkraut untermischen
* Zucker, Salz, Apfelessig und Wasser dazugeben, verrühren und ca. 15 min weichkochen
* Kartoffeln schälen und blättrig schneiden
* Auflaufform einfetten und bebröseln
* danach in die Auflaufform schichten:
  – gedünstetes Sauerkraut
  – gekochte, in Scheiben geschnittene Kartoffeln
  – feinblättrig geschnittenes Rauchfleisch
  – gedünstetes Sauerkraut
* nun das Ganze mit saurer Sahne übergießen
* den Rost mit der Auflaufform auf der untersten Schiene des Backrohres einschieben und bei 200° C (Ober- und Unterhitze) ca. 30 min backen
* vor dem Auftragen wird die Masse vorsichtig auf einen passenden Teller gestürzt und serviert

Böhmisches Sauerkraut

Zutaten:

80 g Schweineschmalz

1 Zwiebel, feingehackt

500 g Sauerkraut

1 TL Kümmel

6 Wacholderbeeren

ca. ½ TL Salz

1 rohe Kartoffel (100 g)

Zubereitungszeit:

- 35 min

Zubereitung:

- Schmalz in einer Kasserolle zerlassen und die feingehackte Zwiebel darin goldgelb anrösten

- zum Sauerkraut 2 Schöpflöffel Lake oder Wasser dazugeben

- Kümmel, Wacholderbeeren und Salz beifügen, alles gut durchrühren und 15 min dünsten

- die rohe Kartoffel putzen, schälen, fein reiben, in das Kraut einrühren und noch 10 min unter gelegentlichem Umrühren weiterdünsten

Kartoffelsalat

Zutaten:

800 g speckige Kartoffeln

50 g Zwiebeln, gehackt

ca. 1 ½ TL Salz

2 Prisen schwarzer Pfeffer

ca. 1 TL Zucker

¹⁄₁₆ l Essig, verdünnt

¹⁄₁₆ l Sonnenblumenöl

ca. ⅛ l klare Suppe

Zubereitungszeit:

- ohne Wartezeit ca. 40 min

Zubereitung:

- die Kartoffeln mit der Schale in Wasser kochen (30 min) oder besser dämpfen
- schälen und ausgekühlt blättrig schneiden
- in einer Schüssel mit Zwiebeln, Salz, Pfeffer, Zucker, Essig, Öl und Suppe gut vermischen (der Salat muß saftig sein, eventuell noch Suppe dazugeben) und abschmecken
- den Salat mindestens 60 min durchziehen lassen

Kalter Krautsalat

Zubereitungszeit:

- 50 min

Zubereitung:

- das fein geschnittene Kraut in einer Schüssel mit Salz gut durchkneten und mindestens 30 min stehen lassen
- das Kraut gut ausdrücken und etwas überschüssiges Krautwasser abgießen
- Zucker, Kümmel, Essig und Öl dazugeben und gut durchmischen, 15 min durchziehen lassen und nochmals abschmecken

Zutaten:

750 g junger Weißkohl, fein geschnitten

1 EL Salz

1 TL Zucker

1 TL Kümmel

¹⁄₁₆ l Apfelessig

4 EL Öl

Gurkensalat mit Sahne

Zutaten:

1 Salatgurke, geschält, in feine Scheiben geschnitten

1 TL Kräutersalz

1 Prise Zucker

1 Prise Pfeffer

2 Knoblauchzehen

¼ l saure Sahne

1 EL Weinessig

1 EL Dillkraut, fein geschnitten

Zubereitungszeit:

- 15 min

Zubereitung:

- die in Scheiben geschnittene Gurke in einer Schüssel mit Kräutersalz, Zucker, Pfeffer, Knoblauch, saurer Sahne und Weinessig gut vermischen
- abschmecken und sofort servieren

Warmer Krautsalat

Zubereitung:

- in einer Kasserolle 1 ½ l Wasser zum Kochen bringen, das feingeschnittene Kraut hineingeben, Salz und Kümmel beifügen und ca. 15 min kochen lassen
- das Wasser abgießen und das Kraut zugedeckt stehen lassen
- aus Zucker, Essig und Öl in einem Gefäß eine Marinade bereiten, über den Salat gießen und 15 min durchziehen lassen
- in einer Pfanne den würfelig geschnittenen Speck anbraten und vor dem Servieren auf den Salat streuen

Zutaten:

750 g junger Weißkohl, fein geschnitten

1 TL Salz

1 TL Zucker

1 TL Kümmel

¹⁄₁₆ l Apfelessig

4 EL Öl

100 g durchzogener Räucherspeck

Zubereitungszeit:

- 40 min

Eingebrannte Fisolen

Zutaten:

500 g grüne Bohnen, geputzt, gewaschen und fein geschnitten

150 g Kartoffeln, geschält, gewaschen und würfelig geschnitten

Wasser nach Bedarf

30 g Schweineschmalz

2 EL glattes Mehl

100 g Crème fraîche

ca.1 TL Kräutersalz

1 Prise Pfeffer

Zubereitungszeit:

- ca. 35 min

Zubereitung:

- die Bohnen und Kartoffeln in einen Kochtopf füllen und mit soviel Wasser aufgießen, daß diese bedeckt sind
- das Gemüse weichkochen (ca. 20 min)
- Schweineschmalz in einer Pfanne erhitzen, Mehl dazugeben und kurz hellbraun rösten
- diese Mehlschwitze zum Gemüse geben, umrühren und ca. 2 min aufkochen
- Crème fraîche dazugeben und mit dem Gemüse vermischen
- das Fisolengemüse mit Kräutersalz und Pfeffer abschmecken

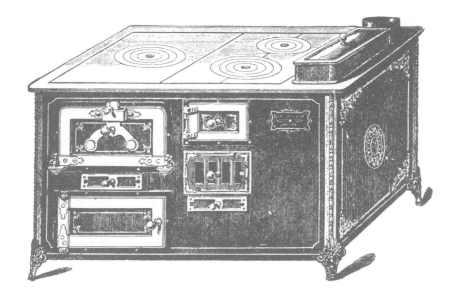

Schwejk & Hašek

Wer kennt nicht Schwejk, den braven Soldaten, der mit subversiver Dümmlichkeit und raffiniert gespielter Hilflosigkeit seinen Privatkrieg gegen Bürokratismus und Militärmaschinerie führt und den er mit entwaffnender Ironie gewinnt.

Mit Jaroslav Hašeks Schelmenroman kam 1920 eine Jahrhundertfigur zur Welt. Schwejk, das gemütliche Schlitzohr, ist die Verkörperung der Prager Volksseele, so wie Cervantes' *Don Quijote* den ins Lächerliche gesteigerten Stolz des Spaniers verkörpert, Goethe mit *Faust* den vergrübelten deutschen Stubengelehrten karikiert oder Guareschi mit *Don Camillo & Peppone* die zwiespältige Seele des Italieners trifft.

Solche Figuren sind einfach unsterblich, weil ihre Schöpfer sich selbst beschrieben und damit zugleich den Volkscharakter lebendig werden ließen.

Auch Schwejks »Vater«, der am 24. April 1883 in Prag geborene Jaroslav Hašek, hat, wie sein Romanheld, etwas Subversives in seinem Charakter. Kein Wunder, daß auch Hašek wie sein Held immer wieder mit Vertretern der Obrigkeit in Konflikt gerät.

Eines Tages wird Hašek wegen Teilnahme an einer verbotenen Demonstration verhaftet. Polizisten beschuldigen ihn, einen Ochsenziemer gegen sie geschwungen und gerufen zu haben: »Haut ihn, haut ihn!« Er verteidigt sich: »Ich habe gerufen: ›Schaut hin!‹, weil ich meine Nachbarn darauf aufmerksam machen wollte, daß der Kellner vom gegenüberliegenden Café zu mir herüberschaute.« Der gutmütige Polizeikommissar, der ihn verhört, meint: »Das ist sehr wahrscheinlich.« Doch der Untersuchungsrichter beim Amtsgericht bellt: »Gestehen Sie, daß Ihre These ins Reich der Märchen gehört. Zeugen der Polizei sagen übereinstimmend aus, daß Sie sich in Ihrer Aufregung in einen Kampf mit der Amtsmacht eingelassen haben. Und zwar mit Begeisterung …« Das Gericht verurteilt ihn zu einem Monat Gefängnis. Er nimmt es mit Humor. Denn Humor ist der Grundzug seines Wesens.

Der Vater, ein Mathematiklehrer, ist über die Eskapaden seines Sprößlings verzweifelt. Nach dem Abschlußexamen an der Handelsakademie und einem kurzen Ausflug in die Welt des Arbeitnehmers als Versicherungsangestellter beschließt Hašek, lieber als freier Schriftsteller reich und berühmt zu werden. Weil er deshalb immer knapp bei Kasse ist, arbeitet er nebenher als Hundehändler und als Lokalberichterstatter einer Zeitung. Hier stellt er mit selbsterfundenen News die Redaktion auf den Kopf.

Sein Haß auf die autoritäre Obrigkeit der Habsburger Monarchie ist so groß, daß er sich den Anarchisten anschließt. Obwohl er die Umstürzler bald wieder wegen ihrer Humorlosigkeit verläßt, hat er seinen Ruf als Revoluzzer weg. Das erweist sich als besonders hinderlich, als er Jarmilka Mayer, die hübsche Tochter eines vermögenden Stukkateurs, heiraten will. Die Eltern der Umschwärmten sind entsetzt. Nach heimlichem Briefverkehr der Liebenden willigt Jarmilkas weichherzige Tante ein, den Charakter des Bohemien zu testen. Jarmilka fleht Hašek an, sich nicht zu betrinken, um bei der Tante einen günstigen Eindruck zu hinterlassen.

Man tafelt in einem Gartenrestaurant. Statt Bier bestellt Hašek eine Flasche Mineralwasser nach der anderen. Selbst als Jarmilkas Brüder mit ihm anstoßen wollen, erweist er sich als standhafter Abstinenzler. Die Tante ist entzückt. Als es Zeit für den Heimweg ist, kippt er jedoch wie tot zu Boden. So sehr ist ihm das »Sodawasser« in der Hitze zu Kopf gestiegen. Was war geschehen? Er hatte dem Kellner fünf Gulden gegeben. Dafür mußte ihm dieser jedesmal, wenn er zur Toilette ging, ein Wasserglas Slibowitz auf dem Gang servieren. Die weinende Jarmilka muß einen Schubkarren leihen, um den Dichter mit Hilfe ihrer Brüder nach Hause zu bringen. Trotz der Katastrophe kommt es zur Hochzeit.

Doch Hašek kann sich einfach nicht an das bürgerliche Leben eines Ehemanns gewöhnen. Nacht für Nacht sitzt er mit anderen Künstlern in den Bierlokalen der Stadt und studiert das Volksleben, das er später in seinen unsterblichen Geschichten schildern wird. Hier trinkt, singt und diskutiert er bis zum Morgengrauen. Später legt er seinem Romanhelden Schwejk in den Mund: »Ich kenn mich drin aus, ich war mal in einer Nacht in 28 Lokalen. Aber alle Achtung, nirgends hab ich mehr gehabt als höchstens drei Biere.«

Diese bacchantische Lebensart ist Hašeks Ruin. Ständig ist er pleite, die Ehe geht in die Brüche, die Leber hängt ihm bis in den Blinddarm. Auf der Suche nach einem Ausweg aus dem Schlamassel treibt er sich in der ganzen Donaumonarchie herum und wird 1914 zum Besuch des Ersten Weltkriegs gezwungen. Als Offiziersbursche der k.u.k. Armee lernt er die »Freuden des Soldatenlebens« so gut kennen, daß er schließlich an der Front desertiert und zu den Russen überläuft.

Als er 1920 in die Heimat zurückkehrt, schreibt er sich den Haß auf den Militarismus von der Seele. Die Figur, die er erfindet, ist er eigentlich selbst: ein Pazifist, der gegen jede Art Bevormundung gewitzt Widerstand leistet. Als er am 3. Januar 1923 in Lipnice an den Folgen seiner Bierbegeisterung stirbt, ist sein Anti-Held bereits unsterblich und erobert mit seinem Mutterwitz die Welt.

Süße
Hauptspeisen
und
Nachspeisen

Zwetschgenknödel mit Mohn

Zutaten:

ca. 750 g frische
Zwetschgen

100 g Butter

150 g Brösel

Puderzucker zum
Bestreuen

für den Teig:

400 g mehlige Kartoffeln

30 g Grieß

120 g glattes Mehl

ca. ½ TL Salz

1 Ei

30 g Butter

zum Kochen:

ca. 3 l Wasser

1 TL Salz

Zubereitungszeit:

- ca. 60 min

Zubereitung:

- Kartoffeln in der Schale kochen, schälen und heiß passieren
- auf einer Arbeitsfläche mit Grieß, Mehl, Salz, Ei und Butter zu einem Teig verkneten
- eine Rolle formen, Scheiben abschneiden, Zwetschgen damit umhüllen und Knödel formen
- einen Kochtopf mit Wasser und Salz zum Kochen bringen
- die Knödel in das kochende Salzwasser einlegen und ca. 10 min leicht wallend kochen
- in einer Pfanne Butter zergehen lassen, Mohn dazugeben und 1 min unter ständigem Rühren rösten
- die Knödel aus dem Wasser heben, in den gerösteten Mohn legen und damit rundum bedecken
- mit Puderzucker bestreut servieren

Obstknödel nach Leutnant Gustav

Zutaten

für ca. 10 Stück:

500 g mehlige Kartoffeln

200 g Kartoffelmehl

1 Eidotter

150 g Quark

1 TL Salz

Obst der Saison zum Füllen (Aprikosen, Pflaumen, Erdbeeren)

zum Wälzen:

100 g Butter

120 g Brösel

oder

100 g Butter

400 g geriebener oder Bröseltopfen

150 g Puderzucker

zum Kochen:

ca. 3 l Wasser

1 TL Salz

Zubereitungszeit:

- ca. 50 min

Zubereitung:

- Knödelkochwasser erhitzen
- Kartoffeln kochen, schälen, fein durchpressen
- auf einer Arbeitsfläche mit Kartoffelmehl, Eidotter, Quark und Salz vermengen und rasch verkneten
- eine Rolle mit ca. 4 cm Ø formen
- 1 cm dicke Scheiben abschneiden, Obst damit einhüllen und Knödel formen
- Knödel in kochendes Salzwasser legen, Hitze reduzieren und 10 min leicht wallend kochen lassen
- in einer Pfanne Butter zergehen lassen, Brösel und Zucker untermischen und unter ständigem Rühren ca. 2 min rösten
- Knödel mit einem Siebschöpfer aus dem Kochwasser heben, in den Bröseln wälzen, mit Puderzucker bestreuen und sofort servieren oder
- Butter zerlassen, Knödel damit übergießen und mit Quark und Puderzucker bestreuen

»Eine jede Verspätung ist eine heikle Sache. Napoleon hat sich bei Waterloo um fünf Minuten verspätet, und sein ganzer Ruhm war beim Teufel.«

Powidltascherl

Zutaten:

ca. 120 g Powidl/
Zwetschgenkonfitüre

100 g Butter

120 g Brösel

1 EL Kristallzucker

½ TL Zimt

Puderzucker zum
Bestreuen

für den Teig:

500 g mehlige Kartoffeln

150 g glattes Mehl

ca. 1 TL Salz

1 Ei

20 g Butter

zum Kochen:

ca. 4 l Wasser

1 TL Salz

Zubereitungszeit:

• ca. 60 min

Zubereitung:

• Kartoffeln in der Schale kochen, schälen
und heiß passieren

• auf einer Arbeitsfläche mit Mehl, Salz,
Ei und Butter rasch zu einem Teig
verkneten

• Arbeitsfläche bemehlen und den Teig
darauf messerrückendick ausrollen

• einen Kochtopf mit Wasser und Salz zum
Kochen bringen

• mit einem Teigrad Vierecke (ca. 8 x 8 cm)
schneiden

• auf jedes Viereck 1 TL Powidl setzen,
Ränder festdrücken

• die Tascherl in das kochende Salzwasser
einlegen und ca. 10 min leicht wallend
kochen

• in einer Pfanne Butter zergehen lassen,
Brösel, Zucker und Zimt dazugeben und
goldgelb rösten

• die Tascherl aus dem Wasser heben, in
die gerösteten Brösel legen und damit
bedecken

• mit Puderzucker bestreut servieren

*»Melde gehorsamst, daß ich wirklich manchmal an mir selbst bemerke,
daß ich schwachsinnig bin. Besonders am Abend nach 25 Budweisern ...«*

Skubanki

Zutaten:

500 g Kartoffeln

1 l Wasser

1 Prise Salz

50 g Butter

80 g Mehl

*zum Herausbacken
in der Pfanne:*

ca. 200 g Butterschmalz

150 g geriebener Mohn

Zubereitungszeit:

- ca. 45 min

Zubereitung:

- rohe Kartoffeln, schälen, waschen, in kleine Stücke schneiden und
- in einen Kochtopf geben, mit Wasser auffüllen, Salz dazugeben und ca. 20 min nicht zu weich kochen
- Wasser abgießen, Mehl über die Kartoffeln streuen
- Butter in Flocken darüber verteilen und zugedeckt ca. 15 min stehen lassen
- dann alles zusammen mit einem Kartoffelstampfer zerstampfen und mit dem Kochlöffel zu einem Teig vermengen
- in einer flachen Backpfanne Butterschmalz zerlassen
- mit einem nassen Eßlöffel aus dem Teig Nocken herausstechen, in die heiße Butter legen und von allen Seiten leicht anbacken
- mit einer Backschaufel die Nocken einige Mal wenden und nicht zu braun fertig backen
- aus dem Fett heben, in geriebenem Mohn wälzen und anrichten
- mit Puderzucker bestreut servieren

Fruchtknödel

Zutaten:

für den Teig:

250 g Quark

1 Ei

2 EL Öl

2 EL Brösel

2 EL Grieß

2 EL glattes Mehl

2 Prisen Salz

für die Füllung:

10 Aprikosen, Pflaumen, Erdbeeren, Brombeeren, u. ä. m.

zum Bestreuen:

120 g Butter

180 g Brösel

50 g Zucker

Zubereitungszeit:

- 30 min

Zubereitung:

- in einem Kochtopf ca. 5 l Wasser mit 1 Prise Salz erhitzen
- auf einer bemehlten Arbeitsfläche Quark, Ei, Öl, Brösel, Grieß, Mehl und Salz zu einem geschmeidigen Teig kneten
- den Teig in 10 Teile teilen und flach-drücken
- auf jedes Teigstück Obst legen
- mit bemehlten Händen Knödel formen und ca. 10 min leicht wallend kochen
- inzwischen in einer Pfanne Butter zergehen lassen
- Brösel und Zucker dazugeben und unter ständigem Rühren ca. 2 min durchrösten
- die Knödel aus dem Kochwasser heben, in die Bröselpfanne legen und in den Bröseln vorsichtig wälzen
- die Knödel mit etwas Puderzucker bestreut servieren

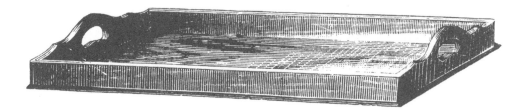

Süße Grießknödel

Zutaten:

100 g Butter

3 Eier

500 g Quark

½ TL Salz

200 g Grieß

150 g Butter

100 g Brösel

ca. 3 l Wasser

1 TL Salz

Zubereitungszeit:

- 30 min

Zubereitung:

- Wasser mit Salz erhitzen
- 2 Rührschüsseln vorbereiten,
  Eier in Dotter und Klar trennen
- Eiklar zu Eischnee schlagen
- Butter und Dotter in der anderen Rührschüssel flaumig rühren
- passierten Quark, Salz und Grieß zugeben,
  10 min anziehen lassen
- den steifen Schnee untermischen
- mit nassen Händen Knödel formen
- ins Salzwasser einlegen und 15 min, bei
  geöffnetem Deckel leicht wallend kochen
- in einer Pfanne Butter zergehen lassen,
  Brösel beifügen und 2 min rösten
- Knödel mit einem Siebschöpfer aus dem
  Kochwasser heben, in den Bröseln wälzen
  und mit Zucker bestreut servieren

Tip:

- Servieren sie die Topfengrießknödel mit
  Zwetschgenröster oder Blaubeerkompott.

»Schwejk, du hast dich gar nicht verändert«, sagte der Einjährigfreiwillige.
»Nicht verändert … das kann gut sein, ich hab keine Zeit dazu gehabt.«

Apfelknödel

Zutaten:

1000 g säuerliche Äpfel

2 Prisen Salz

2 Eier

350 g glattes Mehl

100 g Puderzucker

1 TL Zimt

100 g Butter

ca. 3 l Wasser

1 TL Salz

Zubereitungszeit:

- 60 min

Zubereitung:

- Äpfel schälen, Kerngehäuse entfernen und kleinwürfelig schneiden
- in einer Schüssel mit Eiern und Salz vermischen. Mehl einrühren und 30 min stehen lassen
- gesalzenes Wasser zum Kochen bringen
- kleinere Knödel formen, ins kochende Wasser einlegen und 15 min bei leicht geöffnetem Deckel kochen lassen
- Butter zergehen lassen
- Knödel aus dem Wasser heben
- mit flüssiger Butter übergießen und mit Zucker und Zimt bestreut servieren

Slibowitzschaum

Zubereitung:

- Ei, Dotter, Kristallzucker, Slibowitz und Weißwein in einem Schneekessel über kochendem Wasser dickschaumig aufschlagen

Tip:

- Dieser Slibowitzschaum paßt hervorragend zum Böhmischen Schwarzbrotpudding.

Zutaten:

1 ganzes Ei

2 Eidotter

60 g Kristallzucker

4 cl Slibowitz

1/16 l Weißwein

Böhmischer Schwarzbrotpudding

Zutaten:

250 g Schwarzbrotbrösel

ca. ¹⁄₁₀ l Milch

120 g Butter

120 g Puderzucker

2 Eier

2 cl Slibowitz

60 g Schokolade, gerieben

1 Prise Salz

1 Prise Zimt

1 Prise Nelkenpulver

Schale einer ½ Zitrone, fein gerieben

für die Formen:

Butter und Brösel

Zubereitungszeit:

- 60 min

Zubereitung:

- Wasserbadformen mit Butter ausstreichen und mit Bröseln ausstreuen
- die Brösel für die Masse in einem Gefäß mit Milch befeuchten
- zwei Rührschüsseln vorbereiten, Eier in Dotter und Klar trennen
- Eiklar zu Eischnee schlagen
- in der zweiten Schüssel Dotter, Butter, Puderzucker, Slibowitz, Schokolade, Salz, Zimt, Nelkenpulver, Zitronenschale dazugeben und schaumig rühren
- die befeuchteten Brösel und den steifen Eischnee vorsichtig unterziehen
- in die Wasserbadformen ¾ hoch einfüllen und im Wasserbad ca. 45 min leicht zugedeckt kochen
- danach stürzen und mit steif geschlagener süßer Sahne servieren

Tip:

- Ausgezeichnet schmeckt dieser Schwarzbrotpudding auch mit Slibowitzschaum!

Mandelauflauf

Zutaten:

2 Eier

100 g Puderzucker

1 TL Vanillezucker

1 Prise Salz

500 g Quark

120 g Mandeln,
fein gerieben

2 EL Grieß

30 g Rosinen

Saft ½ Zitrone

für die Form:

10 g Butter

1 EL Brösel

Zubereitungszeit:

- ca. 45 min

Zubereitung:

- Auflaufform einfetten und mit Bröseln bestreuen
- Backrohr vorheizen: 180°C (Ober- und Unterhitze), Rost auf eine mittlere Schiene schieben
- 2 Rührschüsseln richten, Eier in Dotter und Klar trennen
- Eiklar steif schlagen
- Dotter, Puder- und Vanillezucker und Quark schaumig rühren
- Mandeln, Grieß, Rosinen und Zitronen abwechselnd mit dem steifen Eischnee untermischen
- die Masse in die vorbereitete Form füllen und bei 180°C 30 min backen

Tips:

- Nach Belieben kann man anstatt der Mandeln auch Nüsse verwenden. Garnieren Sie jede Portion Topfenauflauf mit marinierten Beeren, oder reichen Sie dazu Apfelmus!

»Was meinen Sie, Schwejk, wie lange wird der Krieg dauern?« »Fünfzehn Jahre«, antwortete Schwejk. »Das ist glasklar, weil es schon einmal einen 30jährigen Krieg gegeben hat und wir jetzt um die Hälfte gescheiter sind als früher. Also 30 : 2 = 15.«

Grießschmarren

Zutaten:

½ l Milch

1 Teelöffel Salz

50 g Rosinen

100 g Butter

100 g Zucker

300 g Grieß

20 g Butter

Zubereitungszeit:

- 60 min

Zubereitung:

- Milch mit Salz, Rosinen, Butter und Zucker in einer Kasserolle zum Kochen bringen
- Grieß langsam einrühren, bis die Masse dick wird
- vom Feuer nehmen, zudecken und mindestens 10 min ausquellen lassen
- Backrohr vorheizen: 200° C (Ober- und Unterhitze)
- eine Kasserolle mit Butter ausstreichen und die Grießmasse hineingeben
- den Rost mit der Kasserolle auf die mittlere Schiene des Backrohres schieben und die Grießmasse ca. 30 min hellbraun überbacken
- mit einer Gabel zerteilen und mit Puderzucker bestreuen

Tip:

- Mit Kompott, Mus oder Zwetschgenröster warm servieren!

Böhmische Baba

Zutaten:

20 g Butter für die Auflaufform

5 altbackene Brötchen oder 250 g Weißbrot, Striezel oder ähnliches Gebäck

ca. ½ l Milch

3 Eier

1 Prise Salz

50 g Zucker

500 g Äpfel

Saft ½ Zitrone

20 g Zucker

30 g Rosinen

½ TL Zimt

50 g Butterflocken

3 Eiklar

30 g Zucker

Zubereitungszeit:

• 60 min

Zubereitung:

• Auflaufform mit Butter einfetten

• Brötchen in dünne Scheiben schneiden und in eine Schüssel füllen

• Milch mit Eiern, Salz und Zucker verquirlen, über die Brötchen leeren und ca. 15 min aufweichen lassen

• inzwischen Äpfel schälen, entkernen und in dünne Scheiben schneiden

• in einer Schüssel Äpfel, Zucker, Rosinen und Zimt vermischen

• in der gefetteten Auflaufform abwechselnd die aufgeweichten Brötchenscheiben und die Apfelmasse schichten

• auf die oberste Brötchenschicht die Butterflocken verteilen

• den Rost mit der Auflaufform auf die unterste Schiene des Backrohres schieben und bei 180°C (Ober- u. Unterhitze) 30 min backen

• inzwischen Eiklar mit Zucker vermischen und steif schlagen

• den Auflauf nach der 30-minütigen Backzeit mit dem Eischnee bestreichen und nochmals bei gleichbleibender Temperatur 10 min backen. Die Baiserhaube soll leicht angebräunt sein.

Quarkauflauf

Zutaten:

4 Eier

100 g Butter

120 g Puderzucker

1 TL Vanillezucker

500 g Quark

150 g Grieß

30 g Rosinen

Saft ½ Zitrone

für die Form:

20 g Butter

2 EL Brösel

Zubereitungszeit:

- ca. 60 min

Zubereitung:

- Auflaufform einfetten und mit Bröseln bestreuen
- Backrohr vorheizen: 180°C (Ober- und Unterhitze), Rost auf eine mittlere Schiene schieben
- 2 Rührschüsseln herrichten, Eier in Dotter und Klar trennen
- Eiklar zu Eischnee schlagen
- in der zweiten Rührschüssel Dotter, Puder- und Vanillezucker schaumig rühren
- Quark, Grieß, Rosinen und Zitronensaft abwechselnd mit dem steifen Eischnee untermischen
- die Masse in die vorbereitete Form füllen und bei 180°C ca. 40 min backen

Tip:

- Servieren Sie den Quarkauflauf mit Fruchtsauce!

Powidl-Dalken

Zutaten:

½ l Milch

100 g Zucker

3 Eier

½ TL Salz

1 EL Rum

350 g Mehl

1 TL Backpulver

zum Ausfetten
der Dalkenpfanne:

50 g Butter

Fülle:

40 g Powidl/
Zwetschgenkonfitüre

2 EL Rum

zum Bestreuen:

Puderzucker nach
Belieben

Zubereitungszeit:

- insgesamt 60 min

Zubereitung:

- 2 Schüsseln bereitstellen, Eier trennen in Dotter und Klar
- Klar zu Eischnee schlagen
- Dotter, Milch, Zucker, Salz und Rum in einer Rührschüssel mit dem Schneebesen durchschlagen
- Mehl mit Backpulver mischen, dazugeben und gut verrühren
- den steifen Eischnee vorsichtig unterziehen
- eine Dalkenpfanne mit Butter auspinseln, erhitzen und in jede Vertiefung einen Löffel Teig füllen – die Vertiefung darf nur zu ⅔ gefüllt sein
- auf dem Herd die Dalken anbacken, wenden und langsam fertigbacken
- inzwischen in einem kleinen Gefäß Powidl mit Rum glattrühren
- je 2 Dalken mit der Powidlfülle zusammensetzen und mit Staubzucker besieben

Tip:

- Servieren Sie dazu Zwetschgenkompott!

Rahmdalken

Zutaten:

2 Eiklar steif schlagen zu
Eischnee

⅛ l saure Sahne

1 Prise Salz

100 g Mehl

ca. 50 g Butter zum
Einfetten der Dalken-
pfanne

Zubereitung:

• Eidotter, saure Sahne, Salz und Mehl mittels
  Schneerute glattrühren

• steifen Eischnee unterziehen

• in einer Dalkenpfanne Butter erhitzen und
  die Mulden mit dem Rahmteig
  vollfüllen

• sobald die Dalken unten Farbe bekommen
  (seitlich etwas Rauch aufzusteigen beginnt),
  mit einem Eßlöffel einmal umdrehen, damit
  der noch flüssige Teig in die Mulden fließen
  kann

• sind die Rahmdalken von beiden Seiten
  gebacken (dauert insgesamt ca. 5 min),
  herausnehmen und auf einen Teller legen

• je 2 Stück mit Aprikosenkonfitüre zusammensetzen und mit Puderzucker bestreuen

• die Rahmdalken frisch servieren

Politischer Seelenkommissar Katz: »Habt acht, ihr Hunde! Du da hinten,
schneuz dich nicht in die Hand, du bist im Tempel des Kommunismus.
Ob ihr wohl, ihr Saukerle, das Lenin-unser könnt? Ich hab ja gewußt, es
wird nicht gehen. Ihr werdet es nie lernen! Ich bin dafür, euch alle zu
erschießen. Denn der Geist Lenins ist etwas, das mit euch umspringen wird,
bis euch die Kniescheiben knattern. Statt der Stimme der Partei zu folgen,
folgt ihr lieber der Sünde, ihr geilen Klacheln. Merkt euch, ihr Rindviecher,
daß ihr Kommunisten seid, Lenins Ebenbild! Und ihr glaubt, daß Lenin
euch liebt? Da irrt ihr euch aber gewaltig. Ich persönlich werde ihn anrufen,
er soll euch nicht lieben, weil ihr Neandertaler seid, Gonokokken im Auge
des Herrn.«

Äpfel im Bierteig

Zutaten:

1000 g Äpfel

1 Stamperl Kirschschnaps oder Rum

zum Herausbacken:

ca. ⅜ l Öl

für den Bierteig:

250 g Mehl

½ l helles Bier

1 EL Öl

1 Prise Zucker

1 Prise Salz

3 Eiklar, sehr steif geschlagen

zum Wälzen:

Zimtzucker: ca. 200 g Puderzucker vermischt mit 1 TL Zimt

Zubereitungszeit:

• ohne Wartezeit ca. 45 min

Zubereitung:

• Äpfel waschen, entkernen und in Scheiben schneiden

• in eine Schüssel legen, mit Schnaps übergießen und 1 Stunde zugedeckt ziehen lassen

• in einer Schüssel Mehl mit Bier, Öl, Zucker und Salz verrühren und die Masse 10 min ziehen lassen

• dann den steifen Eischnee mit einem Schneebesen unterheben

• in einer Pfanne Fett erhitzen (ca. 1 cm hoch)

• die abgetropften Äpfel durch den Teig ziehen und im Fett ca. 8 min beidseitig goldgelb herausbacken

• die gebackenen Äpfel in Zimtzucker wälzen und sofort servieren

»Melde gehorsamst, ich hab mal in der Zeitung gelesen, daß ein normaler Mann 60.000 bis 70.000 Haare am Kopf hat, und daß schwarzes Haar schütterer ist, wie man beobachten kann. Dann hat mal ein Doktor im Kaffeehaus ›Beim Schpirk‹ gesagt, daß Haarausfall von der seelischen Erregung im Wochenbett kommt.«

Liwanzen

Zutaten:

400 g Mehl

20 g Hefe

½ l Milch, lauwarm

30 g Butter

30 g Zucker

1 Prise Salz

Schale von ½ Zitrone, fein abgerieben

2 Eier

zum Ausfetten der Pfanne:

ca. 30 g Butter, flüssig

zum Zusammensetzen:

ca. 100 g Heidelbeerkonfitüre

zum Bestreuen:

2 EL Puderzucker

Zubereitungszeit:

- ca. 60 min

Zubereitung:

- Mehl in eine Schüssel geben, in der Mitte eine Mulde drücken und dort die Hefe hineinbröseln
- lauwarme Milch über die Hefe leeren und mit etwas Mehl bedecken
- ca. 15 min an einem warmen Ort aufgehen lassen bis sich an der Oberfläche Risse zeigen
- Butter vorsichtig erwärmen, mit Zucker, Salz, Zitronenschale und den Eiern verrühren
- zum Mehl-Hefegemisch geben und zu einer dickflüssigen Masse verrühren
- diesen Germteig zugedeckt ca. 30 min rasten lassen
- eine Liwanzenpfanne (spez. Pfanne mit Vertiefungen) mit flüssiger Butter ausstreichen und den Teig in die Vertiefungen füllen
- die Liwanzen beidseitig jeweils 3 min braun backen
- je 2 Stück mit Heidelbeerkonfitüre zusammensetzen und mit Puderzucker servieren

Tip:

- Anstatt der Liwanzenpfanne kann man auch eine flache beschichtete Pfanne nehmen und den Teig in kleinen Portionen einfließen lassen.
- Probieren Sie Liwanzen auch gefüllt mit Powidl/Zwetschgenkonfitüre!

Bäckereien, Kuchen, Strudel, und Torten

Lebzelten

Zutaten:

700 g Roggenmehl

450 g Puderzucker

4 Eier

100 g Kokosfett

150 g Honig

2–3 EL Milch

7 TL Lebkuchengewürz

1 TL Natron

1 TL Backpulver

1 TL Zitronenschale

2 Eidotter zum Bestreichen

Backblechpapier

große Ausstecher wie Herzen, Sterne

Zubereitungszeit:

- ca. 90 min

Zubereitung:

- in einer Schüssel Mehl mit Natron und Backpulver gut vermischen
- in einem kleinen Gefäß Milch, Honig, Kokosfett erwärmen und zum Mehl hinzugeben
- Eier und Zitronenschale beifügen und die Masse gut durchrühren
- die Masse auf einer bemehlten Arbeitsfläche zu einem geschmeidigen Teig kneten und an einem warmen Ort ca. 30 min rasten lassen
- Backbleche mit Spezialpapier belegen
- Backrohr einschalten: 180° C (Heißluft)
- Eidotter in einem kleinen Gefäß mit einigen Tropfen Wasser verrühren
- den Teig auf einer bemehlten Arbeitsfläche ca. 3 mm dick mit dem Rollholz ausrollen und Herzen, Sterne u. ä. m. ausstechen
- Herzen, Sterne, … auf Backbleche legen, mit Eidotter bestreichen
- ins Backrohr einschieben und ca. 15 min backen

Spitzbuben

Zutaten:

300 g glattes Mehl

200 g Butter

100 g Puderzucker

2 Eidotter

1 TL Zitronensaft

Backblechpapier

ca. 100 g Johannisbeer-
konfitüre

ca. 2 EL Puderzucker

*zum Bemehlen
der Arbeitsfläche:*

ca. 3 EL glattes Mehl

Zubereitungszeit:

- ca. 60 min

Zubereitung:

- auf einer Arbeitsfläche Mehl mit Butter verbröseln
- Puderzucker, Eidotter, Zitronensaft beimengen und rasch verkneten
- den Teig min. 30 min kühl stellen
- inzwischen Backbleche mit Spezialpapier belegen
- Backrohr vorheizen: 180° C (Heißluft)
- den Teig auf der bemehlten Arbeitsfläche mit einem Rollholz dünn auswalken und mit beliebigen kleinen Formen ausstechen
- die Teigstücke auf die vorbereiteten Bleche legen und bei 180° C ca. 10 min backen
- erkaltet jeweils 2 Stück der Bäckerei mit Johannisbeerkonfitüre zusammensetzen und mit Puderzucker bestreuen

»Ich stamme vom Baron Flohhaxel von Mägerlein ab«, sagte der feine Herr. »Sie brauchen sich nicht dafür zu schämen«, meinte Schwejk gutmütig, »wir können nichts dafür, mit wem unsre Vorfahren gevögelt haben.«

Mürbe Kipferl

Zutaten:

250 g Butter

250 g Puderzucker

1 TL Vanillezucker

2 Eier

1 EL Rum

380 g gemischtes Mehl

120 g Nüsse, fein gerieben

für die Backbleche:

ca. 50 g Butter

zum Fertigstellen:

Johannisbeerkonfitüre

Schokoladeglasur

Zubereitungszeit:

- ca. 60 min

Zubereitung:

- 2−3 Backbleche einfetten
- Backrohr vorheizen: 180°C (Heißluft)
- in einer Rührschüssel Butter, Puder- und Vanillezucker und Eier cremig rühren
- Rum, Mehl und Nüsse dazugeben und gut durchmischen
- die Masse in einen Spritzsack füllen und auf die befetteten Backbleche kleine Kipferl spritzen
- Backbleche ins Rohr schieben und die Kipferl ca. 15 min hell backen
- jeweils 2 erkaltete Kipferl mit Konfitüre zusammensetzen und die Spitzen in Schokoladeglasur tunken

Vanillekipferl

Zutaten:

250 g glattes Mehl

210 g Butter

100 g Mandeln,
fein gerieben

70 g Puderzucker

zum Drehen:

100 g Puderzucker

1 EL Vanillezucker

Backblechpapier

Zubereitungszeit:

- ca. 60 min

Zubereitung:

- das Mehl auf eine Arbeitsfläche sieben
- die kalte Butter in kleine Stücke schneiden, mit dem Mehl vermischen und abbröseln
- Mandeln und Puderzucker dazugeben und kurz durchkneten
- den Teig ½ Stunde kühl stellen
- Backbleche mit Spezialpapier belegen
- Backrohr einschalten: 180° C (Heißluft)
- Puder- und Vanillezucker in einer Schüssel vermischen
- auf einer Arbeitsfläche aus ca. 1 cm dicken und 4 cm langen Röllchen Kipferl mit stumpfen Enden formen
- die Kipferl auf Backbleche legen, ins Backrohr einschieben und ca. 10 min hell backen
- die noch warmen Kipferl vorsichtig in der Zuckermischung drehen und in eine Schüssel legen

»*Der Mensch denkt, doch Gott lenkt. Beim Fluß zwischen den Gärten, hab ich ein heimeliges Lokal gefunden, still wie eine Kapelle – so richtig geschaffen für einen Krawall.*«

Oberstleutnant Kugeln

Zutaten:

210 g Butter

300 g Puderzucker

210 g Schokolade, fein gerieben

210 g Mandeln, fein gerieben

einige Mandelhälften zum Verzieren

Backblechpapier

Zubereitungszeit:

- ca. 40 min

Zubereitung:

- Backblech mit Spezialpapier belegen
- Backrohr vorheizen: 150°C (Heißluft)
- Butter, Puderzucker, Schokolade und Mandeln gut verrühren
- mit nassen Händen kleine Kugeln formen und auf ein Backblech setzen; die Kugeln etwas flachdrücken und eine Mandel in die Mitte setzen
- bei gleichbleibender Temperatur ca. 20 min backen

Apfelbrot

Zubereitungszeit:

- ohne Vorbereitungszeit: 70 min

Zubereitung:

- in einer Schüssel die geraspelten Äpfel mit Zucker, Honig, Rosinen und Rum vermischen und über Nacht zugedeckt stehen lassen
- diese Masse mit den Nüssen, Zimt, Piment, Nelken, Mehl und Backpulver vermengen
- kleine Laibchen oder Wecken formen, auf ein befettetes Backblech legen und bei 170°C (Ober- und Unterhitze) ca. 60 min backen

Zutaten:

1000 g Äpfel, geschält und grob geraspelt

150 g Zucker

100 g Honig

250 g Rosinen

⅛ l Rum

20 dag Nüsse, grob gehackt

1 TL Zimt, gemahlen

½ TL Piment, gemahlen

½ TL Nelken, gemahlen

500 g gemischtes Mehl

3 TL Backpulver

ca. 20 g Butter für das Backblech

Zimtsterne

Zutaten:

3 Eiklar

250 g Puderzucker

250 g Mandeln,
fein gerieben

1 TL Zimt

Backoblaten

Ausstecher in Sternform

Backblechpapier

Zubereitungszeit:

- 30 min

Zubereitung:

- Backblech mit Spezialpapier belegen
- Backrohr einschalten: 170°C (Heißluft)
- in einer Rührschüssel Eiklar zu sehr steifem Eischnee schlagen
- Puderzucker untermischen
- 3 EL dieser Schaummasse in ein kleines Gefäß geben
- in die übrige Schaummasse Mandeln und Zimt einrühren
- auf einer Arbeitsfläche Puderzucker aufstreuen
- die Masse darauf mit einem Rollholz 7 mm dick ausrollen
- Sterne ausstechen und jeden auf eine Oblate setzen
- die Sterne mit der zurückbehaltenen Schaummasse bestreichen, Backblech auf die mittlere Schiene einschieben und ca. 10 min hell backen

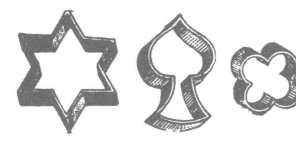

Vanillescheiben

Zutaten:

300 g glattes Mehl

1 TL Backpulver

150 g Butter

100 g Puderzucker

1 TL Vanillezucker

Schale einer ½ Zitrone, fein gerieben

1 Dotter

Backblechpapier

Fülle:

50 g Aprikosenkonfiture

1 Eiklar

70 g Zucker

zum Bestreuen:

50 g Puderzucker

2 TL Vanillezucker

Zubereitungszeit:

- ca. 60 min

Zubereitung:

- das Mehl mit Backpulver auf eine Arbeitsfläche sieben
- Butter in Stücke schneiden und darauf geben
- Mehl und Butter abbröseln, mit Puder-, Vanillezucker, Zitronenschale und Eidotter rasch zu einem glatten Teig verkneten und 30 min kühl stellen
- Backbleche mit Spezialpapier belegen
- Backrohr vorheizen: 180° C (Heißluft)
- auf einer bemehlten Arbeitsfläche mit einem Rollholz den Teig ca. 2 mm dick auswalken und Scheiben ausstechen, ca. 4 mm Ø
- die Scheiben auf das Backblech legen und hell backen (auf der mittleren Schiene, ca. 10 min)
- Eiklar mit Zucker steif schlagen, Aprikosenkonfitüre einrühren
- jeweils 2 Scheiben mit dieser Fruchtmasse zusammensetzen
- mit Vanillezuckermischung bestreuen

»Nicht jeder kann gescheit sein. Die Dummen müssen eine Ausnahme machen, weil, wenn jeder gescheit wäre, so wär auf der Welt so viel Verstand, daß jeder zweite Mensch davon ganz blöd wär.«

Haferflockenkekse

Zutaten:

250 g glattes Mehl

120 g Butter

250 g Haferflocken, fein gerieben

120 g Puderzucker

1 Ei

⅛ l saure Sahne

1 TL Backpulver

Schale von ½ Zitrone, gerieben

2 EL Rum

Backblechpapier

zum Füllen und Tunken:

ca. 100 g Johannisbeer-konfitüre

ca. 150 g Schokoladen-glasur

Zubereitungszeit:

- ca. 60 min

Zubereitung:

- Mehl mit Butter abbröseln und rasch mit Haferflocken, Backpulver, Puderzucker, Ei, saurer Sahne, Zitronenschale und Rum verkneten
- 30 min kühl rasten lassen
- Backblech mit Spezialpapier belegen
- Backrohr vorheizen: 180°C (Heißluft)
- auf einer bemehlten Arbeitsfläche den Teig 1–2 mm dick auswalken
- Kekse ausstechen, auf ein Backblech legen und auf mittlerer Schiene ca. 10 min gold-braun backen
- jeweils 2 Kekse mit Johannisbeerkonfitüre zusammensetzen und zur Hälfte in Schoko-ladeglasur tunken
- vor dem Servieren kühl stellen

Grammelbäckerei

Zutaten:

250 g Grammeln, durch den Fleischwolf gedreht

250 g gemischtes Mehl

120 g Puderzucker

1 Prise Zimt

1 Prise Nelkenpulver

1 Prise Neugewürz

1 Prise Muskatnuß

Saft 1 Zitrone

1 EL Rum

Zubereitungszeit:

- ca. 60 min

Zubereitung:

- auf einer Arbeitsfläche Grammeln mit Mehl, Puder- und Vanillezucker, Zimt, Nelken, Neugewürz, Muskatnuß, Zitronensaft und Rum rasch verkneten
- den Teig 30 min kühl rasten lassen
- Backbleche mit Spezialpapier belegen
- Backrohr vorheizen: 180° C (Heißluft)
- dann den Teig auf einer bemehlten Arbeitsfläche mit dem Rollholz ausrollen
- mit beliebten Formen ausstechen und auf die vorbereiteten Bleche legen
- ca. 10 min hell backen

Karlsbader Ringerl

Zutaten:

300 g glattes Mehl

200 g Butter

60 g Puderzucker

2 Eidotter

Backblechpapier

Etwas Mehl für die
Arbeitsfläche

zum Bestreichen:

1 Ei

zum Bestreuen:

50 g Nüsse fein gerieben

50 g grober Kristallzucker

Zubereitungszeit:

• ca. 90 min

Zubereitung:

• Mehl auf eine Arbeitsfläche sieben

• Butter, Puderzucker, Eidotter und Zimt
  zufügen und verkneten

• den Teig min. 30 min kühl rasten lassen

• 2–3 Backbleche mit Spezialpapier belegen

• anschließend den Teig messerrückendick
  auf der Arbeitsfläche mit einem Rollholz
  auswalken

• mit runden Ausstechern Ringe
  (ca. 6 cm Ø) ausstechen

• die Teigringe auf das vorbereitete Backblech legen

• Backrohr vorheizen: 200°C (Heißluft)

• Ei in einem kleinen Gefäß verquirlen
  und die Hälfte der Ringe damit bestreichen

• die bestrichenen Ringe mit der Nuß–
  Zuckermischung bestreuen

• alle Ringe bei 200°C ca. 15 min backen

»Das Schwein hab ich selbst im Hinterzimmer mit gekochten Kartoffeln,
frischen Äpfeln und Bier liebevoll großgezogen. Ich hab mich selbst gewun-
dert, wie hübsch es zunimmt. Die Schinken des verstorbenen Schweins
hab ich in Salzwasser gekocht. Dazu gab es Erdäpfelknödln mit Grieben
und Kraut, das is was Delikates. Dann schmeckt das Bier. Man ist rundum
zufrieden. Und das alles ham wir dem Krieg zu verdanken.«

Früchte-Nuß-Konfekt

Zutaten:

150 g Dörrzwetschgen

150 g Feigen, getrocknet

150 g Rosinen

150 g Walnüsse

1 EL Honig

1 EL Vanillezucker

70 g Schokolade,
fein gerieben

zum Wälzen:

ca. 100 g Kristallzucker

Zubereitungszeit:

- ca. 30 min

Zubereitung:

- Dörrzwetschgen, Feigen, Rosinen, Walnüsse mittelfein durch den Fleischwolf drehen
- mit Walnüssen, Honig, Vanillezucker und Schokolade zu einer festen Masse vermischen
- auf einer Arbeitsfläche daraus Rollen formen
- gleichmäßige kleine Stücke abschneiden, zu Kugeln rollen und in Kristallzucker wälzen
- die Kugeln in Papierkapseln setzen

Tip:

- Dieses Konfekt kann auch in Schokoladenglasur getunkt oder in gehackten Nüssen gewälzt werden.

»Der Tod ist nicht das Ende. Ich habe von einem indischen Heiligen gehört, der sich nach dem Tod in ein Schwein verwandelt hat. Aus dem verstorbenen Schwein ist er ein Bandwurm geworden und aus dem Bandwurm ein bayerischer Politiker. Der Teufel weiß, wie viele Verwandlungen ein Mensch durchmacht, bevor er, sagen wir, Telefonist, Koch oder Infanterist wird. Und auf einmal zerreißt ihn eine Granate, und sofort übersiedelt seine Seele in irgendeine Kuh bei der Küche, woraus man Gulasch für die Mannschaft macht, und aus der Kuh wandert sie sogleich in einen katholischen Erzbischof.«

Zimttaler

Zutaten:

250 g glattes Mehl

1 TL Backpulver

150 g Butter

120 g Puderzucker

1 TL Vanillezucker

1 Eidotter

Schale ½ unbehandelten
Zitrone, fein gerieben

1 EL Zimt

Backblechpapier

*zum Bestreichen
und Bestreuen:*

1 Klar

60 g Hagelzucker

Zubereitungszeit:

- ca. 60 min

Zubereitung:

- auf einer Arbeitsfläche Mehl mit Backpulver vermischen
- Butter, Puder- und Vanillezucker, Eidotter, Zitronenschale und Zimt zufügen und verkneten
- den Teig 30 min kühl rasten lassen
- 2−3 Backbleche mit Spezialpapier belegen
- Backrohr vorheizen: 180° C (Heißluft)
- anschließend den Teig mit einem Rollholz 4 mm dick ausrollen
- mit einem runden Ausstecher Scheiben mit 5 cm Ø ausstechen und auf ein vorbereitetes Blech legen
- die Scheiben mit Eiklar bestreichen und mit Hagelzucker bestreuen
- bei 180° C ca. 10 min hell backen

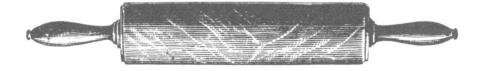

Festtagsstriezel

Zutaten:

1000 g gemischtes Mehl

50 g frische Hefe

½ l Milch

Saft ½ Zitrone

2 EL Rum

120 g Butter

1 Ei

100 g Zucker

1 TL Salz

50 g Rosinen

100 g kandierte Früchte

1 Eigelb

Backblechpapier

Zubereitungszeit:

ca. 180 min

Zubereitung:

- Mehl in eine Rührschüssel füllen, in der Mitte eine Vertiefung formen und in diese die Hefe hineinbröseln

- die Hälfte der Milch darübergießen und mit Mehl bestäubt an einem warmen Ort 10 min aufgehen lassen

- inzwischen in der restlichen Milch die Butter zergehen und auskühlen lassen und mit Zitronensaft, Rum, Ei, Zucker und Salz zum Mehl-Hefegemisch geben und kräftig durchkneten (mit dem Mixer mind. 10 min, je länger der Teig geknetet wird, um so lockerer wird der Striezel)

- der Teig ist fertig, wenn er sich seidig glänzend von der Rührschüssel löst

- den Hefeteig in der Schüssel, mit einem Tuch zugedeckt, an einem warmen Ort (z. B. Schüssel in warmes Wasser stellen) etwa 30 min aufgehen lassen

- dann den Teig durchkneten und nochmals aufgehen lassen

- inzwischen Backblech mit Spezialpapier belegen

- nun den Teig auf einer Arbeitsfläche durchkneten, die Rosinen und kandierten Früchte einkneten

- den Teig in 3 Stücke teilen, zu 40 cm langen Rollen formen und einen Zopf flechten

- Zopf auf das vorbereitete Backblech legen, mit Eigelb bestreichen und nochmals 15 min an einem warmen Ort aufgehen lassen

- Backblech auf der mittleren Schiene einschieben, das Backrohr auf 200°C (Ober- und Unterhitze) einschalten und den Striezel ca. 45 min goldgelb backen – Nadelprobe! (Wenn kein Teig kleben bleibt ist der Striezel gar.)

Kokoskugeln

Zutaten:

⅛ l Milch

150 g Honig

200 g Zucker

1/16 l Rum

250 g Kokosflocken

75 g glattes Mehl

zum Tunken:

Schokoladeglasur
(frisch zubereitet
oder fertig gekauft)

zum Wälzen:

80 g Kokosflocken

Zubereitungszeit:

- ca. 40 min

Zubereitung:

- in einer Kasserolle Milch, Honig, Zucker und Rum aufkochen
- Kokosflocken mit Mehl vermischen und unterrühren
- die Masse unter ständigem Rühren ca. 2 min gut durchrösten
- auf einen Teller geben und erkalten lassen
- Tortenglasur frisch zubereiten oder fertige Glasur nach Vorschrift erwärmen
- aus der Masse kleine Kugeln formen
- mit Hilfe einer Gabel die Kugeln in die Glasur tunken und anschließend in Kokosflocken wälzen
- jede Kokoskugel in eine kleine Papierform setzen

Schwejk: »Melde gehorsamst, Herr Oberleutnant, der Vater von dem Affenhund hat bei der letzten Berliner Alpenpinscher-Ausstellung die Goldmedaille gewonnen. Seine Mutter war die Leibäffin des Königs von Uganda, mit der er sieben Söhne zeugte, von denen einer Botschafter in Wien wurde, wo er sich mit einer Prinzessin Lichtenstein verheiratete, die entfernt mit King-Kong verwandt ist und die Großmutter von Tarzan wurde.«

Husarenbusserl

Zutaten:

210 g glattes Mehl

150 g Butter

70 g Puderzucker

1 TL Vanillezucker

50 g Mandeln,
geschält und gerieben

2 Eidotter

Schale ½ unbehandelten
Zitrone

1 Prise Salz

zum Bestreichen:

1 Dotter, verrührt

etwas Himbeerkonfitüre,
passiert

Zubereitung:

- auf einer Arbeitsfläche Mehl mit Butter zerbröseln
- Puder- und Vanillezucker, Mandeln, Eidotter, Zitronenschale und Salz zufügen alle Zutaten mit den Händen zu einem glatten Teig kneten
- Teig in Frischhaltefolie wickeln und 30 min rasten lassen
- Backrohr vorheizen: 180°C (Heißluft)
- Teig vierteln und zu 4 Rollen formen
- jede Rolle in 12 Stücke teilen und diese zu Kugeln formen
- die Teigkugeln auf ein Backblech legen
- mit einem bemehlten Finger in die Mitte einer jeden Kugel eine Vertiefung drücken und mit Eidotter bestreichen
- die Busserl ca. 10 min goldbraun backen
- in noch warmem Zustand ein wenig Konfitüre in die Vertiefung füllen

Apfelkuchen mit Überguß

Zutaten:

Teig:

140 g Butter

120 g Puderzucker

1 TL Vanillezucker

2 Eier

⅛ l Milch

Schale ½ Zitrone

1 ½ TL Backpulver

250 g gemischtes Mehl

Apfelschicht:

1000 g Äpfel, geschält, in feine Spalten geschnitten

Saft von 1 Zitrone

60 g Zucker

2 EL Rosinen

1 TL Zimt

Überguß:

2 Eier

100 g Puderzucker

¼ l saure Sahne

für die Backform:

20 g Butter

1 EL Mehl

Zubereitungszeit:

- 70 min

Zubereitung:

- Äpfel schälen, feinblättrig schneiden und mit Zitronensaft, Zucker, Rosinen und Zimt in einer Schüssel vermischen
- Backrohr vorheizen: 180°C (Ober- und Unterhitze)
- eine Backform einfetten und bemehlen
- in einer Rührschüssel Butter schaumig rühren, Eier, Zitronenschale, Puder- und Vanillezucker nach und nach zugeben
- Backpulver mit Mehl vermischen und gleichzeitig mit Milch in die Masse einrühren
- diese Masse vorsichtig in die Backform füllen und glatt streichen

Apfelschicht:

- die feinblättrigen Äpfel mit Zitronensaft, Zucker, Rosinen und Zimt vermischen und gleichmäßig auf dem Teig verteilen
- den Rost mit der Backform etwas unter die Hälfte des Backrohres schieben und bei 180°C 30 min backen

Überguß:

- Eier, Puderzucker und saure Sahne schaumig rühren und nach der 30 minütigen Backzeit auf die Apfelschicht gießen
- den Kuchen bei gleicher Temperatur wieder ins Rohr stellen, bis die Oberfläche goldbraun (ca. 20 min) fertig gebacken ist
- den erkalteten Kuchen mit etwas Puderzucker bestreuen

Festtagsguglhupf

Zutaten:

140 g Butter, weich

250 g Puderzucker

4 Eier

Schale einer halben
unbehandelten Zitrone

1 TL Vanillezucker

280 g gemischtes Mehl

2 TL Backpulver

⅛ l Milch

60 g Rosinen

60 g Nüsse, grob gehackt

für die Guglhupfform:

20 g Butter zum Einfetten

2 EL Mehl zum
Bestäuben

Zubereitungszeit:

- insgesamt 70 min

Zubereitung:

- Backform einfetten und bemehlen
- Backrohr vorheizen: 170°C (Ober- und
  Unterhitze)
- 2 Rührschüsseln herrichten, Eier in Dotter
  und Klar trennen und Klar zu Eischnee
  schlagen
- Butter, Zucker, Dotter in der anderen
  Rührschüssel schaumig rühren
- Mehl mit Backpulver und Zitronenschale
  einrühren; Milch, Rosinen und gehackte
  Nüsse darunter mischen
- den Eischnee mit einem Schneebesen
  vorsichtig unter die Masse heben
- die Masse in die eingefettete und bemehlte
  Form gießen und glattstreichen
- auf unterster Schiene bei 170°C ca. 50 min
  backen
- sofort aus der Form stürzen und mit Puderzucker bestreuen

Mohn-Nuß-Guglhupf

Zutaten:

200 g Butter

250 g Puderzucker

1 TL Vanillezucker

4 Eier

2 EL Milch

3 EL Rum

100 g geriebener Mohn

60 g geriebene Haselnüsse

1 Prise Zimt

250 g gemischtes Mehl

1 ½ TL Backpulver

für die Guglhupfform:

20 g Butter

3 EL Mehl

Zubereitungszeit:

- 70 min

Zubereitung:

- Guglhupfform einfetten und bemehlen
- Backrohr einschalten: 180°C (Ober- und Unterhitze), Rost auf unterste Schiene schieben
- 2 Rührschüsseln vorbereiten, Eier in Dotter und Klar trennen
- Klar zu Eischnee schlagen
- Butter, Puderzucker und Vanillezucker und Dotter sehr schaumig rühren
- Milch, Rum, das mit Backpulver vermischte Mehl, Zimt, Mohn und Nüsse einrühren
- nun den steifen Eischnee mit einem Schneebesen unterheben
- die Masse vorsichtig in die Guglhupfform einfüllen und auf den Rost stellen
- bei gleichbleibender Hitze 50 min backen
- den Guglhupf vor dem Servieren mit Puderzucker bestreuen

Oberstleutnant Lukasch: »Zu mir kommen immer wieder Damen zu Besuch, und manche bleibt sogar über Nacht, Schwejk. Zu Damen müssen wir einen ungewöhnlichen Takt bewahren, das heißt, eine darf von der anderen nichts wissen.«

Rotweinkuchen

Zutaten:

250 g Butter

200 g Puderzucker

5 Eier

300 g gemischtes Mehl

120 g Instantkakao

1 TL Zimt

⅛ l Rotwein

300 g gemischtes Mehl

1 ½ TL Backpulver

für die Kranzform:

20 g Butter

2 EL Brösel

zum Bestreuen:

2 EL Puderzucker

Zubereitungszeit:

- ca. 60 min

Zubereitung:

- Kranzform einfetten und mit Bröseln bestreuen
- Backrohr vorheizen: 180°C (Ober und Unterhitze), Gitterrost auf der untersten Schiene des Backrohres einschieben
- in einer Rührschüssel Butter und Puderzucker cremig rühren, nach und nach die ganzen Eier beifügen und die Masse sehr schaumig rühren
- Instantkakao, Zimt, Rotwein und Mehl mit Backpulver vermischt unterrühren und die Masse in die vorbereitete Kranzkuchenform füllen
- ins Backrohr stellen und bei 180°C ca. 50 min backen – Nadelprobe!
- den Kuchen aus der Form stürzen und mit Puderzucker bestreuen

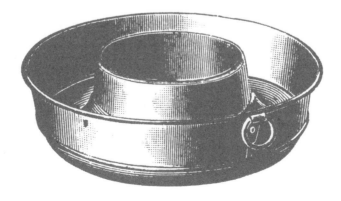

Marmorguglhupf

Zutaten:

4 Eier

200 g Puderzucker

⅛ l Öl

⅛ l Wasser

1 EL Rum

250 g gemischtes Mehl

2 TL Backpulver

2 EL Kakao

1 TL Puderzucker

für die Guglhupfform:

ca. 20 g Butter

3 EL Brösel

Zubereitungszeit:

- ca. 60 min

Zubereitung:

- eine Guglhupfform gut einfetten und mit Bröseln bestreuen
- Backrohr vorheizen: 180°C (Ober- und Unterhitze), Rost auf der untersten Schiene des Backrohres einschieben
- 2 Rührschüsseln vorbereiten, Eier in Dotter und Klar trennen
- Klar zu Eischnee schlagen
- in der 2. Rührschüssel Dotter und Puderzucker cremig rühren
- nach und nach Öl, Wasser und Rum beigeben und die Masse sehr schaumig rühren
- das mit Backpulver vermischte Mehl untermischen
- die Masse in 2 Schüsseln aufteilen
- in einem kleinen Gefäß Kakao, Puderzucker mit 2 EL Wasser glatt rühren
- diese Kakaomischung mit einer Masse vorsichtig verrühren
- nun zur hellen und zur dunklen Masse jeweils 1 Hälfte Eischnee geben und vorsichtig mit dem Schneebesen unterheben
- in die vorbereitete Guglhupfform die dunkle und die helle Masse abwechselnd einfüllen
- ins Backrohr stellen und bei 180°C ca. 50 min backen – Nadelprobe!

Apfelhonigkuchen

Zutaten:

für den Rührteig:

150 g saure Sahne

120 g Honig

2 Eier

1 Prise Salz

Schale von ½ unbehandelten Zitrone

200 g glattes Mehl

150 g Nüsse, fein gerieben

2 TL Backpulver

1 Apfel, ca. 150 g, geschält, grob geraffelt

für das Backblech:

20 g Butter und 30 g Nüsse, gerieben

für den Belag:

1000 g säuerliche Äpfel

60 g Honig

2 TL Zimt

3 EL Zitronensaft

für den Überguß:

2 Eier, Eiklar steif schlagen

100 g saure Sahne

60 g Honig

Zubereitungszeit:

- ca. 65 min

Zubereitung:

- ein tiefes Blech mit den Maßen 30 cm x 35 cm befetten und mit Nüssen bestreuen
- Backrohr einschalten: 180°C (Ober- und Unterhitze)

Rührteig:

- saure Sahne mit Honig, Eiern, Salz und Zitronenschale schaumig rühren
- Mehl mit Nüssen und Backpulver gut vermengen und unter den Teig mischen
- den geraffelten Apfel unterrühren
- die Masse etwa 1 cm hoch auf das Backblech streichen

Belag:

- die Äpfel schälen, vierteln, entkernen, in dünne Spalten schneiden
- in einer Schüssel mit Honig, Zimt und Zitronensaft vermengen
- und gleichmäßig auf dem Teig verteilen

Überguß:

- in einer Schüssel Eidotter, saure Sahne und Honig glattrühren
- den steifen Eischnee mit einem Schneebesen unterziehen
- diesen Überguß gleichmäßig auf den Äpfeln verteilen
- den Kuchen auf mittlerer Schiene bei 180°C ca. 40 min backen

Feiner Quarkstollen

Zutaten:

500 g gemischtes Mehl

2 TL Backpulver

500 g Quark

2 Eier

2 EL Rum

150 g Puderzucker

1 EL Vanillezucker

1 Prise Salz

2 EL Zitronenschale, fein gerieben

2 EL Mandeln, gehackt

2 EL Rosinen

ca. 30 g Butter

ca. 50 g Puderzucker

für das Backblech:

20 g Butter

Zubereitungszeit:

- ca. 80 min

Zubereitung:

- Backrohr vorheizen: 180°C (Ober- und Unterhitze)
- auf einer Arbeitsfläche Mehl, Backpulver und Quark abbröseln
- Eier, Rum, Puderzucker, Vanillezucker, Salz und Zitronenschale dazugeben und mit den Händen kräftig verkneten
- Mandeln und Rosinen einkneten
- einen Stollen formen und auf das vorbereitete Backblech legen
- das Backblech auf eine mittlere Schiene des Backrohres einschieben und den Stollen bei 180°C ca. 1 Stunde backen – Nadelprobe!
- den noch heißen Stollen mit flüssiger Butter bestreichen und mit Puderzucker bestreuen

»Hauptsache is, bei Gericht immer schön die Unwahrheit sagen. Welcher Mensch so blöd is, zu gestehn, der is für immer verloren. Aus dem wird nie was Rechtes werden.«

Rosinenkuchen

Zutaten:

7 Eier

160 g Kristallzucker

2 TL Vanillezucker

1 Prise Salz

Schale von ½ Zitrone

150 g glattes Mehl

50 g Rosinen

40 g Butter, zimmerwarm

für die Königskuchenform:

30 g Butter

2 EL Mehl

Zubereitungszeit:

• 60 min

Zubereitung:

• eine Königskuchenform (Inhalt ca. 2 l) mit Butter ausstreichen und mit Mehl ausstreuen

• Backrohr einschalten: 170° C (Ober- und Unterhitze)

• 2 Rührschüsseln herrichten, Eier in Dotter und Klar trennen

• Dotter mit 2 Löffel vom Zucker, Vanillezucker, Salz und Zitronenschale cremig rühren

• Eiklar mit restlichem Zucker zu cremigem Eischnee schlagen

• ein Drittel vom Schnee mit der Dottermasse gut verrühren

• restlichen Schnee und Mehl behutsam unterheben

• Rosinen und die noch flüssige Butter untermischen

• die Masse in die Form füllen und im Backrohr (Gitterrost auf mittlerer Schiene) ca. 40 min backen

• den Kuchen auskühlen lassen und vor dem Servieren mit Puderzucker bestreuen

»Der Himmel kann nicht so zuwider sein, denn es ist ja noch keiner zurückgekommen.«

Brauner Kirschenkuchen

Zutaten:

150 g Butter, handwarm

150 g Puderzucker

2 ganze Eier

3 Eidotter

3 Eiklar steif schlagen

80 g Kochschokolade, fein reiben

50 g Biskuitbrösel

150 g Mandeln, fein gerieben

1 Prise Salz

300 g Kirschen, entkernt

für die Backform:

20 g Butter

1 EL Mehl

Zubereitungszeit:

* ca. 60 min

Zubereitung:

* eine runde Backform (26 cm Ø) einfetten und mit Mehl bestäuben
* Backrohr vorheizen: 180°C (Ober- und Unterhitze), Rost unterhalb der Mitte des Backrohres einschieben
* Butter cremig rühren, nach und nach Puderzucker, Eier, Dotter und Salz beifügen und die Masse sehr schaumig rühren
* nun das steife Eiklar abwechselnd mit der Kochschokolade, Biskuitbröseln und Mandeln unter die Masse heben
* den Teig in die vorbereitete Backform füllen und mit den entkernten Kirschen belegen
* die Backform auf den Rost stellen und bei 180°C ca. 35 min backen
* den ausgekühlten Kirschenkuchen vor dem Servieren mit Puderzucker bestreuen

Schokoladeobstkuchen

Zutaten:

6 Eier

220 g Butter, zimmer-
warm

180 g Puderzucker

1 TL Vanillezucker

220 g Schokolade,
erweicht

2 EL Rum

220 g Mehl

1 TL Backpulver

Früchte nach Belieben,
z. B. Kirschen, Aprikosen,
Pflaumen, entkernt und
geteilt

für das Backblech:

20 g Butter

2 EL Bröseln

zum Bestreuen:

ca. 2 EL Puderzucker

Zubereitungszeit:

- ca. 60 min

Zubereitung:

- Backblech einfetten und mit Bröseln bestreuen
- Backrohr vorheizen: 180°C (Ober- und Unterhitze)
- 2 Rührschüsseln herrichten, Eier in Dotter und Klar trennen
- Eiklar steif schlagen
- Dotter, Butter, Puder- und Vanillezucker cremig rühren
- Schokolade und Rum beigeben
- Mehl mit Backpulver und dem steifen Eischnee vorsichtig unterheben
- den Teig auf das vorbereitete Backblech streichen und nach Belieben mit Früchten belegen
- Backblech auf eine mittlere Schiene des Backrohres einschieben und den Kuchen bei 180°C ca. 40 min backen
- mit Puderzucker bestreut servieren

Ausgezogener Strudelteig

Zutaten:

Teig:

300 g Mehl

1 Ei

1 EL Wein

2 Prisen Salz

1 TL Öl

Wasser nach Bedarf

zum Bestreichen:

30 g Butter

Zubereitungszeit:

* 100 min

Zubereitung:

* Mehl, Ei, Wein, Salz, Öl und vorerst 3 EL Wasser mit einem Mixer rühren – vorsichtig Wasser hinzugeben, so daß ein nicht zu fester Teig entsteht

* diesen Teig auf einer Arbeitsfläche seidenglatt kneten – der Teig ist richtig, wenn er sich beim Kneten von den Händen löst; dann den Teig zu einem Laibchen formen und mit Öl bestreichen

* eine kleine Kasserolle erwärmen, über den Teig stülpen und diesen 45 min rasten lassen

* dazwischen 2 mal die Kasserolle wieder etwas erwärmen

* auf einem bemehlten Tuch den Teig zuerst mit einem Rollholz auswalken und danach sehr dünn ausziehen – sehr gut eignet sich dafür ein Tisch

* den dicken Teigrand mit einer Schere wegschneiden

* die Fülle auf ⅔ der Teigfläche verteilen

* den freien Rand mit Öl bestreichen und über die Fülle schlagen

* den Strudel mit Hilfe des Tuches einrollen

* auf ein befettetes Backblech mit dem Rand nach unten legen, auf die Schiene unterhalb der Mitte des Backrohres schieben und bei 200°C (Ober- und Unterhitze) ca. 35–45 min backen

* zwischendurch den Strudel öfters mit Butter bestreichen

Tip:

* Dieser Strudelteig eignet sich z. B. für Apfel-, Kirschen- und Quarkstrudel.

Füllungen für Strudel

Zutaten:

1000 g säuerliche Äpfel, geschält, blättrig geschnitten

Saft 1 Zitrone

100 g Butter

100 g Brösel

100 g Zucker

50 g Rosinen

1 TL Zimt

Zubereitungszeit:

- ohne Strudelteig ca. 30 min

Zubereitung:

- in einer Pfanne Butter zergehen lassen, Brösel einrühren und leicht rösten
- auf den ausgezogenen Strudelteig Äpfel, Bröseln, Zucker, Zimt, Rosinen aufstreuen, einrollen, mit Butter bestreichen und backen

Kirschenstrudelfülle

Zutaten:

750 g entkernte Kirschen
100 g Butter
100 g Brösel
100 g Zucker

Zubereitungszeit:

- ohne Strudelteig: ca. 30 min

Zubereitung:

- in einer Pfanne Butter schmelzen, Brösel einrühren und rösten
- auf den dünn ausgezogenen Strudelteig Kirschen, Brösel und Zucker aufstreuen, einrollen, mit Butter bestreichen und backen

Quarkstrudelfülle

Zutaten:

750 g Quark
100 g Butter
150 g Zucker
4 Eiklar steif schlagen
Saft 1 Zitrone
50 g Rosinen

Zubereitungszeit:

- ohne Strudelteig: ca. 20 min

Zubereitung:

- Butter mit Zucker und Vanillezucker cremig rühren
- nach und nach Eidotter, Topfen und Zitronensaft einrühren
- Rosinen und das steife Eiklar behutsam unterziehen
- diese Topfenmasse auf den dünn ausgezogenen Strudelteig aufstreichen, einrollen, mit Butter bestreichen und backen

Tip:

- Diese Füllungen können auch für andere Strudelteige wie z.B. Quarkblätterteig verwendet werden.

Topfenstrudel nach Bretschneiders Mutter

Zutaten:

für den Teig:

300 g Mehl

30 g frische Hefe

ca. ⅛ l Milch

1 EL Rum

150 g Butter

1 Ei

2 Prisen Salz

1 Prise Zucker

für die Quarkfülle:

250 g Quark

2 Eier

50 g Puderzucker

1 EL Vanillezucker

2 TL Vanillepuddingpulver

Schale 1 unbehandelten Zitrone, fein gerieben

50 g Rosinen

2 EL Rum

Backblechpapier

zum Bestreichen:

1 Ei

Zubereitungszeit:

- ca. 120 min

Zubereitung:

- Mehl in eine Rührschüssel sieben, Hefe in kleine Stücke zerteilen und darüber streuen

- Milch, Rum, Butter, Ei, Salz und Zucker dazugeben und mit dem Knethaken durchkneten, bis sich der Teig von der Schüssel löst und seidig glänzt (bei Bedarf noch etwas Mehl oder Milch hinzufügen)

- den Teig auf ein feuchtes Geschirrtuch legen, das Tuch abbinden, einen Kochlöffel durchstecken und den Teig in kaltes Wasser hängen; der Teig ist fertig, wenn er sich nach ca. 60 min an der Wasseroberfläche befindet

- inzwischen zwei Rührschüsseln vorbereiten, Eier in Dotter und Klar trennen

- Klar zu Eischnee schlagen

- in der zweiten Rührschüssel Quark, Dotter, Zucker, Vanillepuddingpulver, Rum und Zitronenschale cremig rühren

- steifen Eischnee und Rosinen untermischen und kühl stellen

- Backblech mit Backblechpapier belegen

- nun den Teig aus dem Tuch lösen und auf einer bemehlten Arbeitsfläche durchkneten

- den Teig mit einem Rollholz ca. 2–3 mm dick ausrollen, mit Quarkfülle bestreichen, dabei die Ränder ca. 3 cm frei lassen, und zu einem Strudel einrollen

- die Teigenden zusammendrücken und den Strudel vorsichtig auf das Backblech legen

- den Strudel mit verquirltem Ei bestreichen

- Blech auf die mittlere Schiene des Backrohres schieben

- Backrohr auf niedrigster Stufe (40°C) einschalten, nach 15 min auf 180°C erhöhen und den Strudel ca. 30 min fertigbacken

Saftiger Mohnstrudel

Zutaten:

für 2 Strudelteige:

500 g Kartoffeln, gekocht und passiert

500 g glattes Mehl

2 TL Backpulver

200 g Butter

150 g Puderzucker

2 Eier

1 TL Zitronenschale, gerieben

Zutaten für die Fülle:

½ l Milch

2 EL Honig

1 TL Zimt

1 TL Vanillezucker

350 g Mohn, fein gerieben

150 g Powidl/ Zwetschgenmarmelade

100 g Rosinen

3 EL Rum

Backblechpapier

zum Bestreichen:

1 Ei, verquirlt

Zubereitung:

Teig:

- Kartoffeln kochen, schälen, heiß passieren und auskühlen lassen
- auf einem Teigbrett Mehl, Backpulver und Butter verbröseln, Kartoffeln, Puderzucker, Zitronenschale und Eier dazugeben und verkneten
- 30 min kühl rasten lassen

Fülle:

- Milch, Honig, Zimt, Vanillezucker aufkochen
- Mohn untermengen und unter ständigem Rühren 1 min leicht kochen lassen
- Powidl, Rosinen, Rum unterrühren und kalt stellen

Strudel:

- Backblech mit Backpapier belegen
- Backrohr einschalten, 180° C (Ober- und Unterhitze)
- auf einer bemehlten Arbeitsfläche aus dem Teig zwei Rollen bilden und mittels Teigrolle zwei Rechtecke mit den ungefähren Massen von 25 cm x 40 cm formen
- die Teigrechtecke jeweils mit der Hälfte der Fülle bestreichen, rundherum einen Rand von 1 cm frei lassen
- nun die bestrichene Teigplatte vorsichtig einrollen, die Enden zudrücken und vorsichtig auf das Backblech legen
- die beiden Strudel mit dem Ei bestreichen
- mit einer Nadel die Strudel mehrmals einstechen und im vorgeheizten Backrohr, auf unterster Schiene ca. 40 min backen

Karlsbader Oblatentorte

Zutaten

für 12 Tortenstücke:

140 g Butter, zimmerwarm

140 g Puderzucker

4 Eidotter

140 g Schokolade

140 g Haselnüsse, gerieben und geröstet

5 Stück Karlsbader Oblaten

Zubereitungszeit:

- ohne Wartezeit 20 min

Zubereitung:

- in einer Schüssel Butter und Zucker schaumig rühren
- nach und nach die Dotter dazugeben und weiterrühren
- Schokolade erweichen, mit den Haselnüssen zur Creme geben und gut durchrühren
- die Oblaten mit Creme bestreichen (einen Teil der Creme zum Bestreichen der Oberfläche aufbewahren) und zu einer Torte zusammensetzen
- beschweren (z. B. mit einem wassergefüllten Topf) und über Nacht im Kühlschrank durchziehen lassen
- die Torte vor dem Servieren mit der restlichen Creme bestreichen und mit einem sehr scharfen Messer portionieren

Nußkranz

Zutaten:

für den Teig:

¼ l Milch

8 EL Öl

80 g Zucker

1 EL Vanillezucker

1 EL Zitronenschale, gerieben

1 TL Salz

500 g glattes Mehl

40 g frische Hefe

für die Fülle:

⅛ l Milch

2 EL Rum

200 g Nüsse, fein gerieben

125 g Zucker

1 EL Vanillezucker

2 Prisen Zimt

50 g Rosinen

für den Überguß:

1 EL Rum

1 EL Zitronensaft

150−200 g Puderzucker

Zubereitungszeit:

- ca. 70 min

Zubereitung:

- lauwarme Milch mit Öl, Zucker, Vanillezucker, Zitronenschale, Salz und Mehl in eine Rührschüssel geben; die Hefe fein zerbröckeln und darüber verteilen

- alle Zutaten mit einem Handrührgerät zuerst auf der niedrigsten, dann auf der höchsten Schaltstufe so lange verkneten, bis sich der Teig vom Schüsselrand löst

- den Hefeteig ca. 20 min zugedeckt an einem warmen Ort gehen lassen

- auf bemehlter Arbeitsfläche den Teig zu einem etwa ½ cm dicken Rechteck ausrollen

- für die Füllung in einer Schüssel Nüsse, Zucker, Vanillezucker, Zimt und Milch verrühren, auf die Teigplatte streichen und Rosinen darüber streuen

- den Teig mit der Füllung aufrollen und auf das befettete Blech in Kranzform legen

- von der äußeren Seite her in etwa fingerbreiten Abständen ca. 3 cm einschneiden

- die entstandenen Scheiben leicht nach außen drehen, so daß sie schuppenartig hintereinander liegen

- das Backblech auf die unterste Schiene des Backrohres schieben, das Rohr auf 40° C einschalten (Ober- und Unterhitze) und den Kranz 15−20 min aufgehen lassen

- die Backtemperatur auf 170° C erhöhen und den Kranz 30−40 min backen

- inzwischen Puderzucker mit Rum und Zitronensaft glattrühren, sodaß eine dickflüssige Masse entsteht

- nach dem Backen den noch heißen Kranz mit dem Guß überziehen

Anna-Torte

Zutaten:

7 Eier

140 g Puderzucker

2 EL Rum

140 g Mandeln, fein gerieben

140 g Schokolade, fein gerieben

ca. 100 g Johannis-beerkonfitüre

für die Tortenform:

10 g Butter

1 EL Mandeln, fein gerieben

für die Creme:

200 g Butter

140 g Puderzucker

70 g Schokolade, erweicht

1 EL Vanillezucker

1 Ei

Zubereitungszeit:

- ohne Wartezeit ca. 75 min

Zubereitung:

Tortenmasse:

- Backrohr vorheizen: 190°C (Ober- und Unterhitze), Rost auf der untersten Schiene des Backrohres einschieben
- zwei Rührschüsseln herrichten, Eier in Dotter und Klar trennen
- Eiklar zu Eischnee schlagen
- Eidotter mit Puderzucker und Rum sehr schaumig rühren
- vorsichtig mit Mandeln, Schokolade und Eischnee vermengen
- die Masse in die Tortenform einfüllen, auf den Rost stellen und bei 190°C ca. 50 min backen – Nadelprobe! (Das Backrohr während der Backzeit nicht öffnen, damit die Torte nicht zusammenfällt)
- die Torte in der Form auf Backpapier stürzen und mehrere Stunden auskühlen lassen
- danach die Torte aus der Form schneiden und einmal durchschneiden

Creme:

- Butter mit Puder- und Vanillezucker cremig rühren
- Schokolade und Ei einrühren
- den Tortenboden mit Johannisbeerkonfitüre bestreichen, ca. ⅔ der Creme aufbringen und mit der zweiten Tortenhälfte bedecken
- die Torte rundum mit der restlichen Creme überziehen und mit gerösteten Mandeln bestreuen

Pospischils süßes Geheimnis

Zutaten:

170 g Butter, zimmerwarm

150 g Puderzucker

1 EL Vanillezucker

1 Prise Salz

1 EL Zitronenschale, fein gerieben

2 EL Rum

5 Eier

750 g Quark

110 g gemischtes Mehl

zum Einfetten der Springform:

20 g Butter

1 EL Mehl

Zubereitungszeit:

- 80 min und 1 Stunde Auskühlzeit

Zubereitung:

- den Boden einer Springform (26 cm Ø) mit Butter ausstreichen und mit Mehl bestreuen
- Backrohr auf 170°C (Ober- und Unterhitze) vorheizen
- 2 Rührschüsseln herrichten, Eier in Dotter und Klar trennen
- Eiklar zu Eischnee schlagen
- in der zweiten Rührschüssel Butter mit Puder- und Vanillezucker, Salz, Zitronenschale und Rum cremig rühren
- Eidotter nach und nach unterrühren
- Topfen einrühren
- Mehl und Rosinen dazu geben und mit dem Eischnee behutsam unterheben
- Masse in die vorbereitete Form füllen und glattstreichen
- den Rost mit der Backform auf die unterste Schiene des Backrohres schieben und die Torte ca. 70 min backen
- Torte in der Form auskühlen lassen, mindestens 60 min
- danach Torte aus der Form schneiden und mit Puderzucker bestreuen

Birnentorte

Zutaten:

160 g glattes Mehl

80 g Butter, zimmerwarm

60 g Staubzucker

1 TL Vanillezucker

1 Messerspitze Salz

1 Ei

500 g gedünstete Birnen-
hälften oder 1 Dose
Birnenkompott

1 Schnapsglas Birnengeist

500 g Quark

120 g Zucker

Saft von 1 Zitrone

6 Blätter Gelatine

¼ l süße Sahne (Obers)

1 EL Zucker

4 EL Krokantstreusel

2 EL Johanisbeergelee

*zum Einfetten
der Springform:*

20 g Butter

Zubereitung:

- Springform (26 cm Ø) einfetten
- Mehl mit Butter, Zucker, Vanillezucker, Salz und Ei auf einer Arbeitsfläche verkneten
- Teig mindestens 30 min kühl rasten lassen
- Backrohr vorheizen: 200°C (Ober- und Unterhitze)
- Teig ausrollen und den Boden und die Wand einer Springform damit auslegen
- den Rost mit der Backform auf der mittleren Schiene des Backrohres 15 min backen
- danach den Tortenboden zum Auskühlen (mindestens 30 min) beiseite stellen
- Birnen abtropfen lassen (Saft aufheben), regelmäßig auf den Tortenboden auflegen und mit Birnengeist beträufeln
- Gelatine einweichen und in Birnensaft auflösen
- Quark, Zucker, Zitronensaft verrühren
- Gelatine einweichen, in Birnensaft auflösen und in die Masse einrühren
- Creme über die Birnen verteilen und erstarren lassen, eventuell über Nacht oder 30 min im Kühlschrank
- Sahne mit Zucker steifschlagen, vorsichtig mit Krokantstreusel und Johanisbeergelee verrühren und auf die Torte drapieren, mit Krokant bestreuen

Zubereitungszeit:

- Mindestens 2 Stunden, bevor man die Torte benötigt, mit der Zubereitung beginnen!

Tip:

- Als Obstbelag eignen sich auch sehr gut frische Himbeeren, veredelt mit Himbeergeist oder -likör.

Mohntorte

Zutaten:

für die Springform:

20 g Butter

1 EL Mehl

Teig:

100 g Butter

150 g Puderzucker

1 TL Vanillezucker

6 Eier

150 g Mohn, fein gerieben

70 g Nüsse, fein gerieben

2 TL Backpulver

1 TL Zimt

Fülle:

ca. 6 EL Johannisbeer-
konfitüre

Zubereitungszeit:

- ca. 90 min ohne Wartezeit

Zubereitung:

- den Boden der Springform (26 cm Ø) einfetten und bemehlen
- Backrohr vorheizen: 180°C (Ober- und
  Unterhitze)
- 2 Rührschüsseln bereitstellen, Eier in Dotter
  und Klar trennen
- Klar zu Eischnee schlagen
- in der anderen Rührschüssel Butter
  schaumig rühren; nach und nach Zucker,
  Vanillezucker und Dotter hinzugeben
- den mit Backpulver vermischten Mohn,
  Nüsse und Zimt untermischen; zuletzt den
  steifen Eischnee vorsichtig unterheben
- die Masse in die Springform füllen und
  glatt streichen
- den Rost mit der Form auf die unterste
  Schiene des Backrohres schieben und bei
  180°C 60–70 min backen
- die Torte sofort in der Form auf ein Backpapier stürzen
- die erkaltete Torte aus der Form schneiden
  und einmal durchschneiden
- Konfitüre auf dem unteren Tortenboden
  verteilen und mit dem zweiten abdecken
- den Rand und die Oberfläche dünn mit
  Johannisbeerkonfitüre bestreichen

Kaffee-Rumtorte

Zutaten:

für die Biskuitmasse:

7 Eier

210 g Puderzucker

140 g Mehl

1 TL Backpulver

Saft von ½ Zitrone

zum Übergießen:

¼ l Bohnenkaffee

¹⁄₁₆ l Rum

für die Creme:

70 g Puderzucker

100 g Kochschokolade

1 Ei

¼ l süße Sahne

50 g Schokoladeflocken

für die Backform:

10 g Butter

1 EL Mehl

Zubereitungszeit:

- ohne Auskühlzeit ca. 60 min

Zubereitung:

- den Boden einer Springform (26 cm Ø) einfetten und mit Mehl bestäuben
- Backrohr vorheizen: 200°C (Ober- und Unterhitze), Gitterrost auf die unterste Schiene schieben
- zwei Schüsseln herrichten und Eier in Dotter und Klar trennen
- Eiklar steif schlagen
- Eidotter mit Puderzucker und Zitronensaft schaumig rühren
- mit Mehl, Backpulver und steifem Eischnee rasch mit einem Schneebesen vermengen und in die vorbereitete Springform füllen
- bei 200°C ca. 40 min backen
- sofort in der Form auf Backblechpapier stürzen und am besten über Nacht auskühlen lassen
- Torte wieder umdrehen, Kaffee und Rum vermischen und die Torte mit dieser Mischung löffelweise beträufeln
- Zucker und Butter cremig rühren, das Ei und die Schokolade einrühren, die Creme sehr schaumig rühren und auf die Oberfläche und den Rand der Torte aufstreichen
- die süße Sahne steif schlagen und kuppelartig auf der Torte formieren
- zuletzt die Torte mit Schokoladeflocken bestreuen

Schokoladenglasur

Zutaten:

⅛ l süße Sahne

120 g Kochschokolade

Zubereitungszeit:

- ca. 15 min

Zubereitung:

- Sahne und Schokolade in einer Stielpfanne unter ständigem Rühren erhitzen, bis die Schokolade zerschmolzen ist
- vom Feuer nehmen, einige Minuten überkühlen
- zum Glasieren verwenden

Weiße Glasur

Zutaten:

⅛ l Milch

300–400 g Puderzucker

Zubereitungszeit:

- 10 min

Zubereitung:

- Milch in einer kleinen Stielkasserolle aufkochen und soviel Zucker einrühren, daß eine dickflüssige Masse entsteht
- die Glasur sofort verwenden

... und nun noch zu guter Letzt ein Küchenspaß:

Kuchen von Oma Schwejk

Zutaten:

25 Eier

2 ½ Pfund Zucker

2 ½ Pfund Mehl

2 ½ Pfund Butter

3 ½ Pfund Rosinen

1 ½ Pfund Zitronat, feingehackt

5 Pfund Korinthen

70 g Nelken

70 g Zimt

50 g Muskatblüte

50 g Muskatnuß

150 g Hefe oder

150 g Soda

1 Löffel Kaliumbitartrat

½ l Brandy

Zubereitung:

- das ganze ergiebt 3 Kuchen von je 8 Pfund
- den Brandy schüttet man über den noch warmen Kuchen
- dann versiegle die Kuchen in irdenen Töpfen, denn sie halten zwanzig Jahre lang!

Rezept-verzeichnis

Süße Hauptspeisen und Nachspeisen

Bäckereien, Kuchen, Strudel und Torten